Egerton R. Young

Unter den Indianern Britisch-Nordamerikas

II. Band: Auf der Indianer Fährte

Egerton R. Young

Unter den Indianern Britisch-Nordamerikas
II. Band: Auf der Indianer Fährte

ISBN/EAN: 9783743443662

Hergestellt in Europa, USA, Kanada, Australien, Japan

Cover: Foto ©ninafisch / pixelio.de

Egerton R. Young

Unter den Indianern Britisch-Nordamerikas

Egerton R. Young.

Verlag von **C. Bertelsmann** in **Gütersloh.**

Die evangelischen Missionen.

Illustriertes Familienblatt.

Herausgegeben von

Pfarrer Julius Richter.

Monatlich ein Heft von 24 S. gr. Lex.=Oktav=Format mit 10—14 Bildern. Preis jährlich 3 M., frei ins Haus 3,20 M.

Die „Evangelischen Missionen" haben ihren Weg in viele Häuser gefunden und selbst von allerhöchster Stelle ist ihnen die Anerkennung nicht versagt geblieben. Alle, die sich mit der Mission bekannt machen möchten, seien nachdrücklich auf dieses Familienblatt hingewiesen, das zwischen den wissenschaftlichen und den erbaulichen Missionsblättern die Mitte haltend — einen Überblick über den gegenwärtigen Stand der Heidenmission gewährt und über Land und Leute anschaulich zu orientieren versteht.

Als Beiblatt erschien vom 1. Januar 1899 ab:

Saat und Ernte

auf dem Missionsfelde.

Illustrierte Blätter für die erwachsene Jugend.

Herausgegeben von

P. J. Richter und **P. P. Richter.**

Jährlich 12 Hefte 1 M.; 10 Ex. 9 M.; 25 Ex. 20 M.; 50 Ex. 35 M.; von 100 Ex. an à 60 Pf. — Frankozusendung bei vorheriger Einsendung des Betrages.
Die „Ev. Missionen" mit Beiblatt kosten 3,75 M., frei ins Haus 4 M.

Unter den Indianern
Britisch-Nordamerikas.

II. Band.

Auf der Indianer-Fährte.

Von

Egerton R. Young.

Übersetzt und bearbeitet von Julius Richter, Pfarrer in Schwanebeck bei Belzig.

Mit 18 Abbildungen.

Gütersloh.
Druck und Verlag von C. Bertelsmann.
1899.

Vorwort.

Indianer-Geschichten sind lange die Lieblingslektüre unserer Jugend gewesen. Aber jene abenteuerlichen und furchtbaren Indianer-Bücher hatten meist mit der nüchternen Wahrheit und Wirklichkeit kaum einen Schimmer von Verwandtschaft. Sie waren nur erfunden, um das Hirn der leselustigen Jugend mit Schauergeschichten zu sättigen und die Nerven in Erregung zu halten. Hier haben wir auch ein Bändchen Indianergeschichten vor uns. Sie sind nicht so spannend und aufregend wie jene starkgepfefferten Bücher, die von Mord und Brand strotzen. Unsere Geschichten haben aber dafür den Vorteil, einfache, nüchterne Wahrheit zu sein. Es sind zwanglose Schilderungen aus den Lebensschicksalen eines Mannes, der ein Vierteljahrhundert als Missionar unter den Indianern des britischen Nordamerika gelebt und gearbeitet hat. Der Methodisten-Missionar Egerton Young ist so sehr ein Meister im Erzählen, daß wir ihn meist mit seinen eigenen Worten reden lassen. Nur wo das specifisch-englische oder methodistische Element zu stark hervortrat, haben wir entweder stark gekürzt oder frei bearbeitet. Die meisten Geschichten des vorliegenden Bändchens sind aus Youngs im Jahre 1897 erschienenen Buche „On the Indian Trail", von dem wir deswegen auch den Titel genommen haben. Einige Abschnitte haben wir aus andern Veröffentlichungen desselben Verfassers hinzugefügt. Wir waren bei der Lektüre des englischen Buches überzeugt, daß dasselbe gesunde Speise für unsere Indianerlustige Jugend enthält; es wäre uns eine Freude, wenn sich recht viele Junge und Alte an diesen einfachen Erzählungen erquickten.

Zu bemerken ist noch, daß die Meilen in diesem Buche stets englische Meilen sind, von denen 5 auf eine deutsche gehen.

Schwanebeck, im Mai 1899.

J. R.

Aus der Vorrede des Verfassers.

Die Romantik der Missionsarbeit unter den Rothäuten wird bald der Vergangenheit angehören. Die Civilisation erreicht dieses Volk, das Stahlroß fährt und pfeift, wo vordem nur der Indianer seinen einsamen Pfad suchte. Die malerische Tracht verschwindet schnell, und Ladenzeuge, die nur zu bald zu Lumpen herunter gerissen werden, haben den Indianer des Interesses beraubt, das ihn einst umgab.

Meine Wanderungen auf dieser schnell sich verwischenden Spur haben mehr von Erfolgen als von Enttäuschungen zu berichten; nicht daß es an den letzteren gefehlt hätte, und es dauerte meist recht lange, bis die mühsam gestreute Saat aufging. Aber es ist so viel erfreulicher und nützlicher, das Leben von seiner guten Seite aus anzusehen und lieber von Siegen als von Niederlagen zu sprechen.

So lassen wir dies Buch ausgehen in der Hoffnung, daß es den Freunden und Helfern der Mission eine Ermutigung und Freude bereiten, und daß der Name des Herrn dadurch verherrlicht werde.

E. R. N.

Inhalt.

	Seite
Um ein Haar	1
Unterwegs	8
Im Schlitten	21
Besuch bei der Häuptlingin Ukamasquasis	28
Im Kampfe mit der römischen Propaganda	35
Missionsleben und Missionsarbeit	38
Lesestudien	53
Sandy Harte	63
Christliche Neujahrsfeier	75
Der ehrliche Indianer	83
Fünf Indianer und ein Taschenmesser	89
Die Masern	93
Ein Kampf um die Sonntagsheiligung	97
Ein merkwürdiges Beispiel von Kirchenzucht	104
Der große Tom	110
Einst und jetzt	120

II. Band.

Auf der Indianer-Fährte.

Um ein Haar!

Wir brachen von St. Paul in Minnesota im Jahre 1868 auf. Wir, d. h. mein junges Weib und ich, sollten in der Gesellschaft einiger anderer Missionare und Lehrer viele hundert Meilen weit durch die Prärie reisen, um die Wigwams der Indianer im Hudson-Bai-Territorium zu erreichen, denen wir bestimmt waren, das herrliche Evangelium zu bringen. Wir sollten das Werk fortsetzen, welches von Männern hohen Glaubens und heroischen Mutes begonnen war, und sollten die süße Botschaft von des Heilands Liebe in noch fernere Gegenden tragen, wo sie nie gehört war. Wir hatten Vertrauen genug zu Gott, um zu glauben, daß, wenn Pelzhändler auf diesen einsamen Wegen reisen, in diesen verlassenen Gegenden fern von den Segnungen der Kultur leben und die Entbehrungen und Strapazen dieses Lebens ertragen können, um durch den Handel mit den Indianern Geld zu verdienen, wir um Christi willen die gleichen Opfer bringen müßten.

Nach dreiwöchentlicher Reise im Dampfschiff und mit der Eisenbahn waren wir an dem äußersten Ende dieser vortrefflichen Verkehrswege angelangt. Weiterhin gab es nichts als den Präriepfad. Hunderte von Meilen dehnte er sich vor uns, weit, weithin in das Land des Nordwinds. Auf seinem gewundenen Laufe waren vor langen Jahren die kühnen Pioniere der neuen Welt vorgedrungen; und je weiter sie kamen, um so mehr wurde ihre Seele erfüllt mit

Staunen und Schrecken vor der endlosen Weite dieser unübersehbar weiten Prärie.

Unmittelbar hinter ihnen, oft selbst erst den Pfad suchend, kamen die mutigen Jünger Loyolas, voll Verlangen sich mit den wilden Indianern dieser Ebenen und Wälder anzufreunden, das Kreuz unter ihnen aufzupflanzen und sie nach ihrem Glauben durch den einfachen Ritus der Taufe in den Schoß der „Mutterkirche" einzuführen.

Später war die Romantik dieser großen Präriestraße schnell dahingeschwunden. Handel und Verkehr hatten auf mannigfache Weise davon Besitz ergriffen, und als ich sie im Jahre 1868 zum ersten Male sah, waren die langen Reihen lautknarrender „Rotflußwagen" und die großen, leinwandbedeckten Lastwagen der abenteuernden Einwanderer die auffälligsten Erscheinungen auf den staubigen Wegen. Ab und zu sah man Scharen von Indianer-Kriegern, die auf ihren feurigen Rossen buntbemalt und im Federschmuck dahinsausten, um irgendwo einen Raubzug zu unternehmen oder, noch wahrscheinlicher, eine der großen Büffelherden auszukundschaften, die damals noch weiter im Westen herumschwärmten.

Dreißig Tage waren wir auf diesem Präriepfad. Nicht immer lachte über uns ein leuchtend blauer Himmel. Schwere Gewitterstürme hatten uns mehrfach überfallen, und nicht immer hatten wir uns vor den schrecklichen Regengüssen schützen können. In einer Nacht brach ein richtiger Cyklon über unser Lager herein und trieb Zelte und Wagen samt ihrem Inhalt mit unwiderstehlicher Wut in seinem wilden Wirbel vor sich her. Heute galt es, einen brückenlosen Fluß zu überschreiten; morgen mußten wir in höchster Eile vor einem Präriebrand flüchten. Hier und da luden zu beiden Seiten des elenden Pfades verlockende Flugsandbetten zum Abbiegen ein, doch wehe dem unvorsichtigen Wanderer, der sich ihrer weichen, leuchtend weißen Oberfläche anvertraute! Wenn ihn nicht schnell die vereinigten Anstrengungen seiner Freunde herauszogen, sanken Rosse, Wagen und Reiter rettungslos im Sande unter. Der Führer rief uns deshalb einmal um das andere warnend zu: Achtet auf die Wagenspur! Ein Abenteuer auf dieser Reise muß ich doch erzählen.

„Sie sollten Ihre prächtigen Pferde gut im Auge haben; sonst könnten Sie eines schönen Morgens aufwachen und sie vermissen," — diese überraschende Botschaft verursachte eines Tages keine geringe Aufregung in unserm Lager. Die Überbringer waren Spione der Armee der Vereinigten Staaten, die damals eben im Quellgebiete des Missouri einen kleinen Indianer-Aufstand niederschlug; sie waren auf dem Wege nach St. Paul, um wichtige Depeschen nach Washington zur Post zu geben.

Wir hatten wie alle Reisenden dortzulande jeden Abend unsere Pferde nur eben zusammengekoppelt und so die Nacht hindurch herumschweifen und auf den üppigen Grasflächen weiden lassen. Dieses Koppeln besteht darin, daß die beiden Vorderfüße mit weichen Lederriemen lose zusammengebunden werden, so daß die Tiere beide Vorderfüße zugleich aufheben müssen. Da dadurch die Bewegungen sehr verlangsamt werden, verlaufen sie sich nie sehr weit vom Lager. Bisher hatten wir keine Gefahr gefürchtet und waren darum sehr sorglos gewesen. Nun teilten uns diese Spione mit, daß eine der bekanntesten Sioux-Pferdediebsbanden sich in der Nachbarschaft herumtreibe; man erzählte sich, sie hätten gehört, daß eine Karawane mit einigen schönen Pferden auf dem Wege sei, und sie seien ohne Zweifel schon auf dem Ausguck nach dieser wertvollen Beute.

Sogleich wurde ein Kriegsrat zusammengerufen und beschlossen, vorläufig nach dem nahen Clearwater (Klarwasser) zu gehen und dort die Vorbereitungen für die weitere Reise zu treffen. Die Pferde wurden am Tage zusammengekoppelt, um zu weiden, durften sich aber nicht weit vom Lager entfernen. Am Abend wurden sie alle in einen leeren Schuppen getrieben, den einzigen Überrest einer großen Farm, die einige Jahre zuvor in einem der wilden Sioux-Kriege niedergebrannt war. Die Männer unserer Reisegesellschaft wurden bestimmt, während der Nacht den Schuppen und die Pferde gegen alle Eindringlinge zu bewachen. Je zwei gut bewaffnete Personen wurden für genügend erachtet für jede der acht oder zehn Nächte, die wir dort lagerten.

Eines Nachts waren ein junger Mann unserer Gesellschaft und ich zur Wache bestimmt. Er hatte sich von Kopf bis zu Fuß bewaffnet, um auf jeden Fall gerüstet zu sein; ich hatte mich mit einem schnellfeuernden Hinterlader versehen. Wir trieben die Pferde von der Prärie zusammen und führten sie nach dem Schuppen; da begegnete uns unser Führer, ein Mann über der Mitte der Jahre, der fast sein ganzes Leben unter den Indianern und im weiten Westen zugebracht hatte. Er sah uns, die Wächter der künftigen Nacht, an und sagte spöttisch: „Sonderbare Wächter! Ich kenne junge Indianer, die jedes Pferd aus dem Haufen unter Ihren Augen wegstehlen könnten."

Verletzt von dem Spott des Mannes, der nicht zum ersten Male so stichelte, erwiderte ich vielleicht ein wenig zu stolz: „Herr, mir gehört das beste von den Pferden; Sie sollen es haben, wenn Sie oder irgend ein Indianer es zwischen Sonnenuntergang und Sonnenaufgang aus dem Schuppen stehlen kann."

Mein Gefährte und ich befestigten die Pferde auf der einen Seite des Schuppens, wo sie bequem stehen oder auf altem Prärieheu lagern konnten. Dann untersuchten wir den Schuppen. An dem einen Ende war das übliche Doppelthor,

hoch und weit genug, um einen beladenen Heu= oder Korn=
wagen einzulassen. Am andern Ende war eine kleine Thür,
die wir von innen sicher verwahrten. Wir überzeugten uns,
daß sonst nirgends eine Öffnung in den Wänden war, durch
die auch nur ein nackter Indianer hindurchkriechen konnte.
Von unserer Rundschau befriedigt, trugen wir einen Haufen
trockenes Heu zusammen und machten uns bequeme Sitze
zurecht, von denen aus wir ohne gesehen zu werden die
großen Endthüren überwachen konnten.

In der Abenddämmerung gingen wir umher und sprachen
über dies und das; als es ganz finster geworden war,
machten wir es uns auf unserm Heulager bequem und
warteten mit der Flinte in der Hand der Dinge, die da
kommen sollten. Mein junger Gefährte war bald so über=
müde, daß er seine Augen nicht mehr offen halten konnte;
ich erlaubte ihm sich zum Schlaf niederzulegen. Ich selbst
war durch die Herausforderung unsers Führers viel zu
erregt, als daß ich an Schlaf hätte denken können. Die Bilder
der bewegten, letzten sechs Wochen zogen an meinem Geiste
vorüber. Vor kaum 6 Wochen war ich Pastor einer großen,
blühenden Gemeinde in einer Großstadt Kanadas gewesen,
ich hatte ein schönes Haus mit allen Bequemlichkeiten des
civilisierten Lebens gehabt. Jetzt war ich auf der einsamen
Prärie des fernen Westens und bewachte unsere Pferde vor
diebischen Indianern!

So träumte ich, aber horch! Was war das für ein
Geräusch? Es ist doch wohl unmöglich, daß ein schlauer
Pferdedieb in dieser schönen, sternhellen Nacht ganz offen daher=
kommen und versuchen sollte, geradeswegs durch das Haupt=
thor in den Schuppen einzudringen! Kein Indianerdieb würde
es so anfangen! Aber das Geräusch war da und blieb.
Offenbar suchte eine Hand den Riegel am Thor. Im Lager
war strenger Befehl gegeben, unter keinen Umständen sich nach

Einbruch der Dunkelheit dem Schuppen zu nähern. So konnte es nur ein Eindringling sein, und wir mußten schnell handeln, ehe er zielen und schießen konnte.

Ich sprang auf, legte die Flinte an die Schulter und wartete, bis des Eindringlings Hand den Riegel gefaßt hatte. Das Thor ging auf; da stand er, ein großer, starker Mann, hell beleuchtet von dem Sternenlichte. Mein erster Gedanke war sogleich zu schießen. Dann schoß es mir durch den Kopf: Es ist schrecklich, eine Seele so plötzlich in die Ewigkeit zu befördern. Vielleicht ist's kein Pferdedieb. Es ist wohl nur ein einsamer Wanderer in der Prärie, der vor dem starken Morgentau in diesem verlassenen Schuppen Unterkunft sucht. Du hast ihn unter deiner Flinte; du kannst ihn niederschießen, ehe auch der verzweifeltste, nichtsnutzigste Pferdedieb dir Schaden zufügen kann! Diese Gedanken kreuzten mit Blitzesschnelle durch mein Hirn; ich hatte meinen Plan schon geändert, ehe der Mann in den Schuppen eintrat. So hielt ich den Finger an dem Hahn, legte an und rief:

„Wer ist da?"

„Bloß Matthäus; Sie könnten mich doch auch allmählich kennen!"

Anstatt eines Pferdediebes kam da einer unserer jungen Freunde aus dem Lager daher gestolpert, ein Lehrer, der die Indianer-Kinder in der Saskatschewan-Ebene unterrichten sollte. Seinen Weg dahertastend plauderte er: „Es war im Lager zu schrecklich eng und heiß; da dachte ich, ich wollte lieber hierher gehen und die Nacht bei Ihnen im Schuppen zubringen."

Der Thor, er ahnte nicht, wie nahe er am Tode vorbeigekommen war! Als ich seine Stimme erkannte und merkte, daß ich um ein Haar einen von unserer Gesellschaft erschossen hätte, packte es mich, ich fiel um und zitterte wie

Espenlaub. Er schwatzte noch eine ganze Weile ohne eine Ahnung von der Gefahr, der er soeben entronnen war, dann legte er sich in das Heu nieder und schlief ganz ruhig bis zum andern Morgen. Als ich abgelöst war, berichtete ich den Leitern unserer Reisegesellschaft den Vorfall. Im Lager war zuerst keine geringe Aufregung über den leichtsinnigen Streich des Matthäus; der gutmütige Übelthäter ließ aber alle Schelte ruhig über sich ergehen, und da er 6 Fuß 6½ Zoll lang war, sah man von jeder weiteren Strafe ab. Es war auch keine Not, denn der arme Bursche bekam doch einen gewaltigen Schreck, als er hörte, daß ich mit dem Finger am Hahn auf ihn gezielt hatte!

Unterwegs.

In den ersten Jahren meiner Missionsarbeit machte ich in einem Sommer eine Reise, die mir unvergeßlich bleiben wird. Damals war mir die in jenen Gebieten übliche Reiseart noch fremd, und ich ahnte nicht, wie schwer es ist, allein eine Indianerfährte zu verfolgen, und welchen Gefahren man sich aussetzt, sobald man vom rechten Weg abkommt. Mein Birkenkahn bewährte sich auf dem reißenden Fluß vortrefflich und war zudem so leicht, daß ihn im Notfalle ein Mann tragen konnte. Meine beiden indianischen Reisegefährten waren zwar vortreffliche Ruderer; der eine von ihnen fuhr unsern Weg jedoch zum allerersten Male, und der andere, den wir aus Höflichkeit unsern Führer nannten, hatte dieselbe Reise nur einmal, vor langen Jahren, gemacht. Alle andern starken Leute meiner Missionsstation standen damals im Dienste der Hudson-Bai-Gesellschaft, und es blieb mir somit nichts anderes übrig, als mich entweder mit diesem zweifelhaften Schutze auf den gefahrvollen Weg zu machen oder den armen, unwissenden Heiden erst im folgenden Jahre das Evangelium zu bringen. Da dieselben mir aber eine so bringende Botschaft gesandt hatten, daß ich ihnen doch auch verkündigen solle, was der „große Geist" in seinem Buche sage, wagte ich schließlich im Vertrauen auf Gott die Reise.

Unser Weg führte uns durch die allerunwirtlichsten Gebiete, und die häufigen Stromschnellen zwangen uns oft unsern Kahn zu verlassen und eine beträchtliche Strecke zu Fuß zu gehen. Trat ein solcher Fall ein, so fuhren wir

ans Ufer und leerten unsern Kahn aus; Wilhelm, unser
Führer, nahm ihn mit kräftigem Schwunge auf den Kopf und
lief spornstreichs durch den Wald, ohne den Lauf des Flusses
aus den Augen zu verlieren, bis er an eine Stelle kam,
wo das Wasser wieder schiffbar wurde. Mein anderer Ge=
fährte, Peter, packte unsere Decken, Kessel und sonstigen
Gerätschaften in ein Bündel zusammen, schwang dieses auf
den Rücken und folgte pfeilgeschwind Wilhelms Fußspuren.
Mein Amt war es, die Waffen, Kleider, Geschenke und die
Bibeln zu tragen, die wir für die Indianer mitgenommen
hatten. Obwohl meine Last bei weitem die leichteste war,
verlor ich doch regelmäßig die Richtung, die meine Leute
genommen hatten. Wenn die Indianer eine schwere Last zu
tragen haben, so sieht man sie nie ruhig gehen, sondern in
seltsam schwingender Bewegung pfeilschnell über die Fläche
dahingleiten, so daß es dem ungeübten Weißen schlechter=
dings nicht möglich ist, gleichen Schritt mit ihnen zu halten.
Irgend eine rasche Wendung um einen Felsen oder ein
dichter Wald entzieht sie bald vollständig unsern Blicken. Von
einem gebahnten Wege ist natürlich keine Rede, und die
Fußspuren der Indianer sind oft nicht mehr zu entdecken;
denn ihr flüchtiger Schritt läßt kaum ein Merkmal zurück.
Ich befand mich stets in der größten Verlegenheit und wußte
nicht wohin. In meiner Angst fing ich an geradeaus zu
laufen, bis der Schweiß mir in Strömen von der Stirn
rann, und mein Rücken unter der schweren Last schmerzte.
Mehr als einmal schreckte ich ein wildes Tier auf, das dann
zu meinem nicht geringen Entsetzen heulend und fauchend
quer über meinen Weg lief. Zu Tode ermattet gab ich
schließlich die wilde Jagd auf und sank kraftlos auf dem
nächstbesten Felsblock oder Baumstumpf nieder. In meiner
Unerfahrenheit hatte ich vielleicht gerade die entgegengesetzte
Richtung eingeschlagen.

Glücklicherweise konnte ich mich auf die Zuverlässigkeit und Findigkeit meiner Leute unbedingt verlassen. Ich mußte, daß sie auf mich warteten, wenn sie am Ziele ihrer Wanderung angelangt waren. Blieb ich über Gebühr lange aus, so machten sie sich auf die Suche, und dank ihres merkwürdig ausgeprägten Spürsinns fanden sie rasch die Stelle, wo ich vom rechten Wege abgekommen war, und entdeckten mich dann ohne große Mühe bald selbst. Statt mir irgend einen Vorwurf zu machen, warfen sie höchstens einen mitleidigen Blick auf mich und murmelten etwas vor sich hin, wie: „Missionar gut, hat aber Spur verloren;" dann nahmen sie meine Last auf und geleiteten mich sicher an unsern Kahn. Ich hatte höchstens meine Bibel zu tragen, die mir in den oft langen Wartestunden, bis mich meine Leute fanden, nützliche Gesellschaft geleistet hatte.

Da wir in unserm Kahne wenig Lebensmittel unterbringen konnten, nährten wir uns hauptsächlich von dem, was wir unterwegs schossen, und in der wildreichen Gegend fehlte es uns nicht an Abwechslung. Es giebt in jener Wildnis noch viele schwarze Bären, die uns manch köstliches Mahl lieferten, besonders wenn meine Leute Zeit hatten, die Bärentatzen zuzubereiten; denn diese zählen nebst den Schwänzen der Biber und den Nasen der Musetiere (Renntiere) zu den größten Leckerbissen der dortigen Gegend.

Selten nur gelang es uns, auf unsern Kahnfahrten Edelwild zu erlegen, wenn wir nicht zufällig einmal eines fingen, das sich zu weit in den See hinausgewagt hatte. Und selbst war das der Fall, so konnten wir aus Mangel an Raum nur geringen Gebrauch von unserm Fange machen und mußten den größten Teil des Fanges den wilden Tieren zur Beute lassen. Wie mahnte mich das so oft an die Worte des Psalmisten: „Er giebt dem Vieh sein Futter, den jungen Raben, die ihn anrufen." Vielleicht war es

Missionar gut, hat aber Spur verloren.

gerade sein weiser Wille, daß wir das viele Fleisch zur Nahrung einiger seiner Tiere zurücklassen mußten.

Die Nächte verbrachten wir da, wo uns der Abend gerade überraschte. Fast i. allen Ländern finden die Missionare auf ihren ausgedehnten Reisen menschliche Wohnstätten, wo sie ihre Mahlzeiten bereiten und für die Nacht Obdach erhalten können. Mein lieber Vater, der jahrelang Pionier=Missionar im ehemaligen Ober=Kanada war, erzählte mir in meiner Kindheit oft von seinen Abenteuern und erwähnte dabei manchmal, daß er trotz aller Beschwerden und Gefahren immer zur rechten Zeit auf die Holzhütte irgend eines Ansiedlers gestoßen sei, wo er dann die Nacht zubringen konnte. In unsern wilden, nördlichen Gegenden findet man aber in einem Umkreis von tausenden von englischen Meilen nicht einmal einen elenden Wigwam aus Birkenrinde, geschweige denn ein Haus, und es blieb uns nichts übrig, als da zu lagern, wo die Nacht uns überraschte. Natürlich suchten wir uns wo möglich eine geschützte Stelle aus, wo wir uns auf einem glatten Granitblock eine leibliche Ruhe=stätte bereiten konnten, und wo dürres Holz war, um unsere Mahlzeiten zu kochen und unsere Kleider zu trocknen. Wenn auch die Tage meist warm waren, so waren die Nächte doch gewöhnlich recht kalt, und ein lustiges Lagerfeuer war nach der anstrengenden Tagesarbeit sehr willkommen. Wie wohl that es einem, wenn man nach dem kräftigen Mahle und der Abendandacht die müden Glieder ausstrecken konnte. Manchmal verlor sogar der Lieblingsdichter, den ich eben noch lesen wollte, seinen Reiz, und ich beobachtete träumerisch, wie der westliche Himmel nach und nach seine goldene Färbung verlor und ein Stern nach dem andern aufblitzte, bis schließlich der ganze Himmel im Sternenglanz erstrahlte. Weit und breit hörte ich nichts als das Rauschen des fernen Wasserfalls oder das sanfte Geplätscher zu unsern Füßen;

Im Birkenkahn durch die Stromschnellen.

gelegentlich ertönte einmal der Schrei eines wilden Tieres oder eines Vogels aus den nahen Wäldern. Meine buntgekleideten Gefährten, die sich malerisch um das Lagerfeuer gelagert hatten, vervollständigten das anziehende Bild.

So entzückend und erhebend waren aber auf der Reise die Nächte nicht immer. Wenn der Sturmwind um uns wütete und wir jeden Augenblick gewärtig sein mußten, daß unser Kahn, unsere Decken und Geräte in den Fluß oder See gejagt würden, vergaßen wir es, nach den Sternen zu sehen. Oft ballten sich schwarze Gewitterwolken zusammen, und der Regen brach in Strömen über uns herein, so daß wir nicht einmal unsere Abendmahlzeit kochen konnten und bis auf die Haut naß wurden. Bei solchen Gelegenheiten verging uns die Lust, Betrachtungen über den nahen Wasserfall oder das Plätschern der Wellen anzustellen.

Unsere Reise wäre aber ganz und gar unmöglich gewesen ohne den vortrefflichen Birkenkahn, in dem wir auf den Flüssen und Seen kreuzten. Wenige Missionsfreunde werden eine Ahnung haben, was es mit solch einem Kahne für eine Bewandtnis hat.

Zur Herstellung dieser Indianerkähne muß die Birkenrinde zu einer bestimmten Zeit des Jahres mit großer Sorgfalt von den Bäumen abgelöst werden, und dann erfordert es große Geschicklichkeit und langjährige Übung, um einen tadellosen Kahn herzustellen, so daß gute Kahnschnitzer jetzt bei den Indianerstämmen fast ebenso selten sind wie bei uns die hervorragenden Dichter. Viele Indianer können ja Kähne schnitzen; aber manche haben es in dieser Kunst so weit gebracht, daß sie für ihre Kähne weit und breit die höchsten Preise erzielen. Es ist erstaunlich, welche Reisen man in solch einem Kahne machen kann. Wie viele reißende Stromschnellen haben meine tüchtigen Ruderer und ich bemeistert, über wie manchen sturmbewegten See sind wir glücklich gekommen!

Kein Kahn europäischer Schiffsbauerkunst kann mit ihnen wetteifern. Einer unserer Missionare, ein hervorragender Ruderer, meinte mit seinem heimischen Kahne weiter zu kommen als mit diesen Rindenkähnen. Er ließ sich mit großen Kosten von Ontario einen Kahn aus Cedernholz nach neuster und bester Konstruktion kommen. Auf dem schönen Playgreen=See und auf den breiten Flüssen bewährte sich dieser Kahn vortrefflich; aber als es sich darum handelte, eine weite Flußreise durch Wasserfälle und Stromschnellen zu unternehmen, warnten die erfahrenen Indianer den Missionar bringend, sich seinem unzuverlässigen Fahrzeuge nicht anzuvertrauen. Dieser blieb aber bei seinem Vorhaben, und da er ganz vortrefflich rudern und steuern konnte, ging auch in den ersten Tagen alles glatt ab.

Da galt es eines Tages, die wilden, brausenden Strom= schnellen des Nelson=Flusses zu passieren, um jenseits der= selben Störe zu fischen. Die älteren Indianer wagten es noch einmal den Missionar zu bitten, er möge doch wenigstens bei dieser gefährlichen Fahrt seinen Kahn daheim lassen; das Boot sei zu flach gebaut, und wenn es in die schäu= mende Brandung des Wassers gerate, werde es, anstatt hochzutauchen wie eine Ente, sofort untersinken wie ein Stein. Allein der Missionar war eigensinnig und erklärte, er könne mit seinem Kahne überall durch, wo sie mit ihren Birken= kähnen durchkämen. Traurig ließen ihn die Indianer zurück und fuhren auf ihren pfeilschnellen Kähnen durch die tosende Brandung. Unten warteten sie am Ufer zusammen= gekauert auf den Missionar. Sie sahen, wie er seinen blanken Cedernkahn bestieg, wie er mit meisterhafter Geschicklichkeit durch die erste und zweite Stromschnelle hindurchlenkte. Aber in der dritten, gefährlichsten Enge kenterte das Boot. Im

Augenblick verschwanden Mann und Boot in den schäumenden Fluten. Erst viele Tage später fand man den verwesenden Leichnam weit stromabwärts am Ufer. Ein einsames Grab mit einem kleinen Grabstein ist von liebenden Händen für den wackern, aber tollkühnen Mann errichtet.

Während wir so von Ort zu Ort reisten, stießen wir oft tagelang auf kein menschliches Wesen. Erreichten wir dann zu der Zeit, die wir vor einem halben oder ganzen Jahre schon bestimmt hatten, so ein kleines Indianerdorf, so erwartete mich gewöhnlich schon eine kleine Gemeinde, die aus den benachbarten Fisch- und Jagdgründen zusammengekommen war.

Nachdem ich ihnen mehrere Tage gepredigt hatte, kehrten sie zu ihren verschiedenen Beschäftigungen zurück, während ich mit meinen Gefährten einem andern Versammlungsort zusteuerte.

Wie begierig nahmen die einsamen Leute das Wort Gottes auf! Wie sehnsüchtig warteten sie von einem Jahre zum andern auf den Missionar, der ihnen predigte und sie vielleicht sogar lehrte, selbst in dem wertvollen Buche zu lesen! Mein Besuch zählte überdies zu den seltenen Unterbrechungen in ihrem einsamen, gleichförmigen Leben. Welches in seiner Art herzliche Willkommen bereiteten mir besonders diejenigen, die dem Heidentum bereits entsagt und das Christentum angenommen hatten. Es gehörte aber manchmal die ganze Sinnesschärfe der Indianer dazu, um diese einsamen Indianerdörfer überhaupt zu finden. Nur ein Beispiel! Bei einer meiner Sommerreisen war mir eines Tages daran gelegen, möglichst schnell das Lager einiger freundlich gesinnter Indianer zu erreichen. Wir bestiegen darum schon morgens um vier Uhr unsern Kahn und fuhren in der Mitte des großen Flusses, um ja recht schnell vorwärts zu kommen. Zu so früher Morgenstunde lagerte noch dichter

Nebel über der Gegend und verbarg die beiderseitigen Ufer in seinem undurchdringlichen Mantel. Auf einmal wurden wir durch das rasche Abfeuern mehrerer Gewehrschüsse erschreckt; ich wußte nicht, was es zu bedeuten habe; meine erfahrenen Gefährten aber verstanden sofort, um was es sich handelte. Schnell wandten sie den Kahn nach der Richtung, woher die Schüsse gekommen waren. Während sich der Nebel mehr und mehr verteilte, ruderten wir dem Ufer zu, wo eine Gruppe freundlicher Indianer unser harrte. Ihr geübtes Ohr hatte den Schlag unserer Ruder unterschieden, ohne daß sie uns hatten sehen können. Nach einem warmen Willkommengruß schenkten sie uns geräucherte Renntierzungen und andere Leckerbissen, die sie für uns aufgehoben hatten. Ich hielt ihnen am Flußufer einen herzlichen Gottesdienst; zu denjenigen, die dem Heiland schon angehörten, sprachen wir von der Güte und Fürsorge unsers himmlischen Vaters; den Heiden, die sich noch nicht entschlossen hatten, dem Götzendienste ihrer Vorfahren zu entsagen, redeten wir recht eindringlich zu, doch nicht länger zu zögern und den Herrn Jesum anzunehmen.

Um eine Vorstellung von dem Erfolge dieser mühsamen Missionsreisen zu geben, möchte ich nur zwei Geschichten erzählen.

Gewöhnlich führt der Missionar auf diesen langen Reisen einen kleinen Medizinvorrat mit sich; denn die Erfahrung lehrt, daß durch die Heilung eines kranken Familiengliedes manches Vorurteil schwindet und manches Herz weich wird, auf das bisher die besten Worte keinen Eindruck gemacht hatten.

In einem entfernten, heidnischen Dorfe wohnte ein Mann, der sich entschieden geweigert hatte, Christ zu werden, und so oft man in ihn drang, gab er jedesmal die bekannte Antwort: „Ich will leben und sterben, wie meine Vorfahren gelebt haben und gestorben sind."

Eines Tages kam er in sichtlicher Verlegenheit zu mir. Im Laufe des Gesprächs bedankte er sich, daß ich seine kranke Frau geheilt hatte, aber aus seinen Worten merkte ich, wie entsetzlich unwissend er war. Er sagte: „Missionar, meine Frau war lange krank, und unser Medizinmann versuchte bald dieses bald das, ohne ihr helfen zu können. Da nun eure Medizinen stärker sind als die unserer Ärzte, wird wohl auch eure Religion besser sein als die unsere. Meine Frau und ich haben darum beschlossen, fortan zu euren Füßen zu sitzen, um eure Religion zu lernen."

Natürlich mußte ich ihn vor allen Dingen über seine vielen irrigen Ansichten belehren, ehe ich ihm das Evangelium verkündigen konnte; aber ich hatte doch sein Vertrauen gewonnen, und das war die Hauptsache. Er sowohl als seine Frau nahmen den Herrn rückhaltlos an und wurden ihrem Volk zum großen Segen.

Einer der besten Jäger seines Stammes hatte einen einzigen Sohn, der ihm mehr galt als alle seine vielen Töchter zusammen. Als der Knabe krank wurde, rief man sofort den berühmten, alten Zauberer Tapastanum, der zwar einige Heilkräuter kannte, aber die Hauptwirkung seiner Mittel den Beschwörungsformeln zuschrieb, die er anwandte. Erst zog er mit feierlicher Miene seinen Medizinsack hervor und legte die Zaubermittel, die Rassel und die Trommel zurecht; dann hüllte er sich in sonderbare Gewänder und fing an in den gräßlichsten Tönen seine Beschwörungsformeln herzusagen und dabei mit seiner Trommel und Rassel einen entsetzlichen Lärm zu machen. Aber alles war umsonst; das Kind wurde mit jedem Tage kränker, so daß schließlich der Vater allen Glauben an Tapastanums Macht verlor. Um den berühmten Mann nicht zu kränken, bat er ihn höflichst sich nicht weiter zu bemühen und schenkte ihm eine reichliche Menge Thee und Tabak.

Bisher hatte sich der alte Indianer beharrlich geweigert den Missionar anzuhören und hatte sogar offenen Widerstand gegen die Verkündigung des Evangeliums unter seinem Volk erhoben. Wie alle Indianer hatte er jedoch ein offenes Auge für alles, was um ihn her vorging, und es war ihm nicht entgangen, daß das Bleichgesicht manche Krankheit geheilt hatte, die der Kunst der einheimischen Ärzte gespottet hatte. Als er seinen Liebling trotz der Sprüche des alten Beschwörers täglich schwächer werden sah, ging er zu dem Missionar und bat ihn, sein Kind zu retten.

„Ich will mein Möglichstes thun," entgegnete ich und freute mich von Herzen, daß mir nun vielleicht Gelegenheit geboten wurde, die Freundschaft

Medizinmann, die Krankheit beschwörend.

des halsstarrigen Indianers zu erwerben und ihn zum Kreuze zu führen. Bei genauer Untersuchung fand ich, daß der Knabe eine schwere Entzündung hatte, und erklärte dem Vater ohne Umschweife, daß ich bei dem vorgeschrittenen Übel die Heilung nicht versprechen könne; doch wolle ich thun, was in meinen Kräften stehe. Der arme Vater versicherte, daß er mir keine Schuld beimessen wolle, wenn das Kind stürbe; nur solle ich nicht zögern, meine Mittel anzuwenden.

Mit Gottes Hülfe und sorgfältiger Pflege schlugen die Mittel an, und der Knabe genas zur großen Freude seines Vaters.

Als ich kurze Zeit darauf einen Gottesdienst unter freiem Himmel abhielt, sah ich zu meiner großen Freude den betreffenden alten Indianer an einem fernen Baume lehnend. Offenbar wollte er hören, was der Missionar, der sein Kind geheilt hatte, zu sagen habe, und doch war er zu stolz, um sich mit den andern zu meinen Füßen zu setzen.

Glücklicherweise hatte ich eine so helle, klare Stimme, daß der ferne Zuhörer jedes Wort von der Liebe Gottes in Jesu Christo verstehen konnte.

Der Indianer lauschte mit gespanntester Aufmerksamkeit und war so begierig, mehr zu hören, daß er beim nächsten Gottesdienste schon bedeutend näher kam; beim dritten Male setzte er sich mitten unter die heilsbegierigen Zuhörer, und nach einigen Wochen war er ein glücklicher Christ.

Es war rührend, wie er sich immer wieder wegen seines früheren hartnäckigen Widerstands entschuldigte.

„Ach, Missionar," sagte er einmal, „ich war zu dumm und eigensinnig; damals war ich eben blind und taub, jetzt habe ich mir aber den Staub aus den Augen gerieben und die Ohren weit aufgemacht, darum kann ich jetzt so klar sehen und so deutlich hören. Damals wollte ich nichts von der Bibel wissen, weil ich dachte, sie passe nur für die Weißen, aber nun weiß ich, daß das Buch für jedermann ist; darum spreche ich so gern von den schönen Dingen, die darin stehen."

Im Schlitten.

In diesen fernen Regionen beginnt der Winter in der zweiten Hälfte des Oktober und dauert ohne Unterbrechung bis in den April. Die Eisschicht auf den großen Seen ist jedoch so dick, daß sie erst einen oder anderthalb Monat später, im Mai oder Juni, ganz auftaut. Einmal kehrte ich mit meinem Hundeschlitten erst am 18. Mai von meiner großen Winterreise zurück; bis dahin war aber doch der Schnee ganz verschwunden und der Erdboden vollkommen aufgetaut.

Der Winter ist grimmig kalt; der Spiritusthermometer zeigt dreißig bis sechzig Grad unter Null. Wir haben es erlebt, daß das Quecksilber fest wie Blei gefroren und die Milch so hart war wie ein Stück Marmor. Wir konnten sie, in Zeitungspapier gewickelt, auf unsere Reisen mitnehmen, und wenn wir am Lagerfeuer etwas Milch zu unserm Thee brauchten, hieben wir einfach mit der Axt ein Stück von unserm Vorrat ab. Ungefähr sieben Monate lang ist kaltes, schönes Winterwetter; während dieser ganzen Zeit taut es nicht ein einziges Mal; wildlederne Sandalen mit Pelzwerk sind dann die beste Fußbekleidung.

Auf der ganzen unermeßlichen Fläche giebt es keinen gebahnten Weg; jeder See, jeder Fluß, jede Pfütze, jeder Sumpf ist hart gefroren und alles mit einer so hohen Schneeschicht zugedeckt, daß man im Schlitten oder auf Schneeschuhen weite Strecken zurücklegen kann, die im

Sommer ganz ungangbar sind. Pferde und andere große Tiere sind dann durchaus untauglich. Sie würden zu oft im Schnee einsinken oder durchbrechen. Man kann nur mit dem Hundeschlitten oder auf Schneeschuhen vorwärts kommen. Der Schnee ebnet alles, füllt die gefährlichsten Gruben aus und breitet über jeden Felsen oder Baumstamm ein so weiches Kissen, daß die Reisenden bloß lachen, wenn der Schlitten umwirft oder sie einmal ausgleiten. Ich bin einmal einen mehrere hundert Fuß tiefen Abhang hinuntergestürzt, und ich hatte keinen andern Schaden, als daß ich von meinen Reisegefährten tüchtig ausgelacht wurde, und es dauerte geraume Zeit, ehe man mich wieder heraufgezogen hatte. Solche Unfälle und Verzögerungen kommen aber nur selten vor, und trotz der vielen Beschwerden und Leiden sind diese Reisen im Hundeschlitten außerordentlich lehrreich und nicht ohne einen gewissen Reiz.

An den hellsten, kältesten Wintertagen kann man die merkwürdigsten Luftspiegelungen erleben. Oft sind dem Auge Landschaften nahe gerückt, die in Wirklichkeit viele Meilen weit entfernt liegen. Manchmal ist die Sonne ganz deutlich von vier Kreisen umgeben, deren jeder wieder vier Nebensonnen hat. Dieses Schauspiel ist so unbeschreiblich großartig, daß es sich wohl einer weiten Reise lohnt, um sechzehn Nebensonnen zu gleicher Zeit zu sehen. Merkwürdigerweise fürchten die Indianer diese Erscheinung, die sie für den Vorboten heftiger Stürme halten, und sie behaupten, daß je deutlicher diese Nebensonnen zu sehen sind, desto schlimmer der Sturm toben werde.

Die Hunde, die wir auf diesen großen Reisen als Gespann für die Schlitten gebrauchen, müssen vor allen Dingen gleich groß sein und Widerstandsfähigkeit und Scharfsinn besitzen. Früher bediente man sich meist der Eskimohunde; im Laufe der Jahre hat sich aber die Rasse so sehr mit

Im Schlitten.

andern Hundearten vermischt, daß man jetzt nur noch auf den nördlichsten Stationen reine Eskimohunde findet. Mein Vorgänger unter den Kri=Indianern hatte ein paar Hunde zurückgelassen, die eigentlich gar keiner Rasse angehörten. Dieselben waren zum Holzfahren und zu den kleinen Fahrten zu den Wochengottesdiensten in der Nachbarschaft recht brauchbar. Zu meinen großen Reisen in die viele hundert Meilen entlegenen Teile meines weitläufigen Sprengels waren sie jedoch völlig untauglich. Ich weiß nicht, ob sie zu schwach oder zu faul für derartige Strapazen waren; jedenfalls mußte ich mich entsetzlich mit ihnen plagen und oft weite Strecken zu Fuße gehen oder auf Schneeschuhen zurücklegen, weil mich die Tiere nicht mehr ziehen konnten. In meiner Not wandte ich mich an ein paar gute Freunde in Canada, die mich bald mit prachtvollen Hunden versorgten. Dieselben hatten alle guten Eigenschaften der Eskimohunde ohne deren diebische Anlagen, sie waren zäh und klug, nur schienen ihre Füße etwas empfindlicher zu sein und leichter wund zu werden.

Die Hundeschlitten sind gewöhnlich zehn Fuß lang und achtzehn Zoll breit. Da wir auf unsern Reisen oft tage= lang an keine menschliche Niederlassung kamen, so mußten wir große Vorräte an Lebensmitteln und warme Decken für die Nächte mitnehmen. All dieses Gepäck wurde in ein großes Stück Wildleder gewickelt und mit Stricken so sicher auf dem Schlitten befestigt, daß nichts verloren gehen konnte. Mein eigener Schlitten war aus Eichenholz und hatte eine feste Lehne, so daß ich denselben nicht ungern benutzte. Überhaupt konnten diese Schlittenfahrten mitunter ganz an= genehm sein, vorausgesetzt, daß man hinreichend Pelzwerk mitgenommen und reichlich fettes Fleisch zur Nahrung, tüchtige Hunde zum Ziehen und ehrliche Indianer zur Begleitung hatte. Freilich durfte es auch nicht mehr als

Nachtlager.

vierzig Grad unter Null Kälte sein, und der Wind durfte einem nicht den hartgefrorenen Schnee wie spitze Stacheln ins Gesicht treiben. Gerieten wir in ein solches Schneewehen, so war es mir immer ganz wunderbar, mit welcher Sicherheit und Schnelligkeit die geübten, indianischen Führer den richtigen Weg fanden.

Wie freute ich mich nach einem beschwerlichen Reisetage auf das Nachtlager, selbst wenn ich mich mit einer Schneehöhle begnügen mußte, die ich mir selbst an einer geschützten Stelle hatte graben müssen! Sobald der Führer das Zeichen zur nächtlichen Rast gab, spannten wir vor allem unsere treuen Hunde aus; dann benutzten wir unsere Schneeschuhe als Schaufeln und räumten den Schnee weg, den wir entweder im Hintergrunde auftürmten oder an besonders kalten Abenden auch zu beiden Seiten als hohe Schneemauern aufspeicherten. Ein lustiges Feuer mußte unsere erstarrten Glieder erwärmen, unsere Mahlzeit kochen und die Fische für unsere Hunde auftauen. Nach dem Abendessen und einer herzerquickenden Andacht verbrachten wir meist noch ein paar Stunden in fröhlichem Geplauder am Lagerfeuer, ehe mich meine treuen Gefährten sorgfältig für die Nacht einhüllten. Anfangs meinte ich unter den warmen Decken ersticken zu müssen, und ich fror oft lieber, als daß ich mein Gesicht bedecken ließ.

Die Hunde wurden täglich nur einmal mit Fischen gefüttert, und zwar erst abends, nach vollbrachtem Tagwerk; denn wir hatten die Erfahrung gemacht, daß sie schwerfällig und unlustig zur Arbeit waren, wenn wir sie morgens oder mittags fütterten, daß sie hingegen außerordentlich rührig waren, wenn man ihnen abends unmittelbar vor ihrer langen Nachtruhe zu fressen gab. Waren die Füße der Hunde erfroren oder sonst verletzt, so zogen wir ihnen für die Nacht warme, aus englischem Düffelstoffe verfertigte Schuhe an, die ungefähr wie Fausthandschuhe aussahen. Die Tiere hatten diese Schuhe sehr gern und erinnerten uns selbst daran, wenn es recht kalt war. Entweder hielten sie uns recht auffällig die Pfoten entgegen, oder sie legten sich flach auf den Rücken und streckten mit kläglicher Miene alle vier Pfoten zu gleicher Zeit in die Höhe.

Immerhin bleibt das Reisen auf dem Hundeschlitten selbst im günstigsten Fall sehr beschwerlich, und Menschen wie Tiere waren immer herzlich froh, wenn eine längere Ruhepause eintrat, um die erfrorenen Glieder zu heilen und neue Kräfte für die nächste Reise zu sammeln.

Besuch bei der Häuptlingin Ukamasquasis.

Wir hatten uns bei den Saulteaux=Indianern (spr. Sôltō) niedergelassen und dort die Missionsarbeit begonnen; die Indianerstämme rings herum hörten von dem weißen Manne und seinem Weibe und kamen oft zu uns zum Besuch. Eines Tages trat in unser kleines Haus ein hünenhaftes, indianisches Weib, ganz verschieden in seiner Haltung von den andern indianischen Frauen. Die andern sind die bescheidensten, furchtsamsten, zurückhaltendsten Menschen, die ich je sah. Aber sie trat mit erhobenem Haupte herein, sie schaute uns an, als ob sie uns messen wollte. Auch ihre Handlungsweise unterschied sich von der anderer Frauen. Das hatte seinen Grund in ihrer Stellung. Sie war eine Häuptlingin. Ihr Vater und ihr Gatte waren große Häuptlinge gewesen; seit deren Tode regierte sie ihr Volk. Sie war eine gescheite Frau. Fern im Innern, wo sie wohnte, hatte sie von dem Bleichgesicht und seinem Weibe gehört, die mit ihrem wundersamen Buche ihren Wohnsitz unter den Saulteaux aufgeschlagen hätten. Sie glaubte dieser Kunde nicht und hatte darum selbst die vieltägige Reise gemacht, um zu ergründen, ob das wahr sei, was sie durch Jäger von dem Buche und dem großen Geiste gehört hatte. Ich fand, von allen Fragern, die je bei mir gewesen, war sie die unersättlichste in ihrer Wißbegierde und ihrem Ver= langen zu lernen. Sie wollte vom Morgen bis zum Abend immer weiter reden und fragen. Und doch konnten wir an= scheinend ihrer Wißbegierde nicht Genüge thun. Sie blieb ungefähr zwei Wochen bei uns. Bevor sie wegging, sagte ich zu ihr: „Ihr geht jetzt heim, und ich wünsche Euch noch etwas zu sagen. Christen pflegen von den sieben Tagen einen auszusondern, das ist Gottes Tag. An diesem Tage treiben wir keine weltlichen Angelegenheiten, sondern dienen Gott. Ich möchte, daß Ihr in jedem Stücke eine Christin würdet, und daher müßt Ihr auch den Sonntag heiligen. Ich will Euch dies große Stück Papier geben, um Euch darin behilflich zu sein." — Dabei gab ich ihr ein großes Stück Papier und einen Bleistift und fuhr fort: „Wenn Ihr nun nach Hause kommt, so macht sechs kleine solche Striche | | | | | |. Das sind Eure Tage zum Jagen und Fischen. In diesen sechs Tagen besorget Eure Sache mit dem Stamme und versehet Eure Häuptlingsgeschäfte. Dann für den siebenten Tag machet solch einen langen Strich ——, da lasset Büchse und Flinte in Ruh, an diesem Tage dürft Ihr nicht jagen und fischen. Arbeitet desto fleißiger am Sonnabend, damit Ihr auch am Sonntag Nahrung habt. Aber an diesem Tage denket an den großen Geist und betet zu Eurem lieben Vater, welcher auf Euch herabschaut, wo Ihr auch seid." Als sie mich bat, sie auch zu besuchen und ihrem Stamme zu predigen, sagte ich ihr: „Wenn der Adler-Mond[1]) sich füllt, dann horchet auf das Klingen der Glocken des Missionsschlittens; dann will ich Euch besuchen."

Mein Arbeitsprogramm war so groß, daß die sechs Monate schnell dahingingen, ehe ich ihr Volk besuchen konnte. Als aber der Adlermond kam, schirrte ich meine Hunde an, nahm Führer und Hundetreiber, und fort ging es. 12—14 Tage hatten wir bis dorthin zu reisen. Oft mußten wir wegen der auf dem Schnee glitzernden Sonnenstrahlen des Nachts fahren; die Schneeblindheit, welche sie verursachen,

---

[1]) Eine indianische Zeitberechnung.

ist ein sehr schmerzhaftes Leiden. Auch an Gefahren und Abenteuern fehlte es nicht; aber zuletzt gelangten wir an das Ziel. Die letzten sechs Meilen mußten wir über einen gefrorenen See fahren. Als wir aus dem Walde heraus= jagten, sahen wir am andern Ufer ihr Dorf. Scharfe Augen hielten schon Ausschau nach uns. Wir waren noch nicht halb über den See, als sie uns entdeckten, und bei unserer Ankunft war das Mahl für uns schon zubereitet. Ukamas= quasis, die Häuptlingin, hatte einige gefrorene Renntierköpfe auf dem Gerüst für uns verwahrt. Diese gehören zu den größten Delikatessen, welche die Indianer ihren Gästen zur Speise anbieten können. Über dem Feuer sengte unsere Wirtin etlichen dieser Renntierköpfe das Haar ab, dann zerhieb sie sie mit ihrer mächtigen Axt in Stücke und that sie in den großen Kessel über dem Feuer. So war unser Mittagbrot schon im Kochen, als unsere Hunde in das Dorf jagten. Der Riegel Seife kostet hier 3½ Dollar (14 M.), sie brauchen nicht viel von diesem kostbaren Gut zum Waschen; von Händeschütteln als Begrüßungsform wissen sie auch nichts, sondern alle, Männer, Frauen und Kinder, versuchten mich ungewaschen, wie sie waren, zu küssen. Ich entzog mich aber dieser harten Probe und sprang schnell in den Wigwam. Das Zelt war größer als die gewöhnlichen Wigwams. Vier Pfosten stützten in der Mitte das lose Stangengerüste, über dem die Felle festgebunden waren. Zur Linken standen einige Pferde, die beim Eintritt des ungewohnten Bleichgesichts laut aufwieherten; an der Erde und an den Pfosten lagen und hingen die nötigsten Geräte eines indianischen Haus= haltes, Flinten, Speere, Köcher, Bogen, Ruder, Töpfe, Körbe, Taschen und dgl. in bunter Unordnung. Gerade unter der Lichtöffnung an der Spitze brannte in einer Ver= tiefung des Erdbodens das lustige Feuer, dessen Wärme uns angenehm entgegenströmte. (Siehe Bild S. 40.)

Nie habe ich eine Frau so glücklich gesehen, wie jetzt die Häuptlingin war. Entzückt rief sie aus: „Oh, der Mann mit dem Buch hat mein Volk besucht!" Ein erhöhter Platz wurde mir eingeräumt. In der Mitte wurden die Stücke von den Renntierköpfen aufgehäuft, rings herum standen eine Anzahl zinnerner Tassen mit schwarzem Thee, von welchem ich ihr ein Paket gegeben hatte. Sie ließ mich zu ihrer Linken niedersitzen, rechts saß ihr erster Häuptling. Außerdem waren einige vornehmere Stammesglieder und meine Treiber und Führer anwesend. Teller, Gabel und Messer gab es nicht. Sobald wir uns gesetzt hatten, nahmen die Männer ihre Jagdmesser vor und griffen nach den Fleischstücken. „Wartet ein wenig", sagte ich, „wir wollen Christen sein; Christen danken dem großen Geist für seine Gaben; Christen bitten ihn um seinen Segen für ihre Speise. Schließt eure Augen, und ich will beten. Wir wollen dem großen Geist für das danken, was er uns zu essen und trinken gegeben hat." Sie schlossen die Augen, und ich sprach ein Gebet; da es zum ersten Male war, machte ich es ganz kurz, sagte Amen und öffnete meine Augen. Aller Augen waren noch geschlossen. Ich sagte „Macht eure Augen auf." Sie gehorchten. „Wenn ich Amen spreche, so bedeutet das, wir sind zu Ende. So, nun könnt ihr essen."

Jeder ergriff mit seinen schmutzigen Händen ein Fleischstück und zerschnitt es mit demselben großen Jagdmesser, mit dem sie gegen die Bären kämpfen und ihr Wild abhäuten. Einige besonders Hungrige nahmen das Stück gleich in den Mund und kauten daran herum. Ich sah mir den Fleischhaufen an und erblickte ein Stück mit einem hervorstehenden Knochen. Diesen faßte ich als Handgriff an, nahm mein Jagdmesser heraus und begann auch zu essen. Wie glücklich meine Freundin, die Häuptlingin, war! Sie langte mit ihren großen, schmutzigen Händen zu, ergriff ein großes, saftiges, leckeres Stück und machte sich mit großer Kraft darüber her. Dazwischen legte sie es auf die Erde trank eine Tasse Thee, nahm es wieder vom Boden auf und biß kräftig hinein. Dabei erzählte sie die ganze Zeit hindurch, ganz gleich, ob ihr Mund voll oder leer war.

Wieder legte sie das Stück auf den Boden, fuhr in ihren Busen und zog ein schmutziges Stück Papier heraus und sagte: „Missionar, möchtet Ihr nicht sehen, wie ich versucht habe den Bettag zu halten?" Das Papier war sehr schmutzig, kaum erkannte ich es als das reine wieder, das ich ihr einst gegeben hatte. Mit großem Interesse überschaute ich es und fand, daß sie die ganzen sechs Monate hindurch den Kalender treulich geführt hatte. Es stimmte nach all den sechs Monaten bis auf den Tag. Natürlich war ich sehr erfreut. Sie sagte: „Bisweilen kam wohl ein Knabe und sprach: „Es steht ein Renntier im Thal, Ihr könnt es sicher schießen." Aber ich antwortete: nein, nein, heute ist Bettag, am Bettag darf ich nicht schießen. Ich denke an den großen Geist, meinen Vater, und versuche zu beten und zu ihm zu reden und lasse ihn zu mir reden." Sie war so glücklich, als ich ihr einige freundliche und ermutigende Worte sagte. Sie faltete das Papier wieder zusammen und steckte es in ihre Tasche. Dann nahm sie ihr Fleischstück wieder auf und zerkaute einige Bissen davon, während ich an meinen Bissen mühsam herumknabberte.

Da sah sie auf mein Stück und auf ihres, sagte: „Euer Fleischstück ist nicht sehr schön, meins ist besser," und bevor ich wußte, was sie wollte, hatte sie mit schnellem Griff die Stücke vertauscht. Ich konnte nicht heucheln. Ich wußte, der Beweggrund, der sie veranlaßt hatte, mir ihr Stück zu geben, war der, daß es besser war als meins; so nahm ich ihr Stück und aß mich daran satt, indem ich ihr dafür

Indianerfrau und Tochter.

bankte. Denn durch dieses Tauschen hatte sie etwas gethan, was in den Augen eines Indianers der größte Akt der Freundlichkeit ist, den man jemand erweisen kann, nämlich wenn man sieht, man hat etwas Besseres als ein anderer, und tauscht mit ihm. Am Nachmittag hielten wir einen Gottesdienst, der bis zum Abendessen dauerte, einen zweiten am Abend, der bis Mitternacht währte. 22 Menschen, lagen wir dann in diesem Wigwam, alle mit den Füßen nach dem Feuer, mit den Köpfen nach der Zeltseite zu. Gott hat uns dieses Volk für Christum geschenkt. Alle bekennen, ihn zu lieben.

Im Kampfe mit der römischen Propaganda.

Gelegentlich hatte ich auch Besuche von römisch-katholischen Priestern. Ich streite mich niemals mit ihnen, aber ich halte meine Augen offen; die Fische, die ich gefangen habe, will ich auch in meinem Korbe behalten. Wenn die Priester meine Indianer besuchten, war ich höflich und freundlich. Wenn sie aber weggegangen waren, fragte ich wohl meine Leute: „Nun, was sagten die Langröcke?" — „O, sie sagten uns viele schöne Sachen über die Mutter unseres Herrn, und wie schön es sein würde, sie zur Fürsprecherin bei ihrem Sohne zu haben." Dann gebrauchte ich vor ihnen wohl diese Widerlegung: „Denket einmal, der Generalgouverneur unseres Landes käme einmal hierher zu uns und wohnte als Gast in meinem Hause; er sendete die Botschaft aus: „Ihr Indianer, wenn ihr irgend ein Gesuch oder ein Anliegen an mich habt, so besucht mich, ich will gern eure Bitten anhören und alles, was ich kann, für euch thun." Und denket weiter, John Companie (der der Hudson Bai Companie, der großen Pelzhandelsgesellschaft in Britisch Nord-Amerika, von den Indianern gegebene Name) spräche: „Ihr Indianer, wenn ihr irgend etwas dem Gouverneur mitzuteilen habt, sagt es uns, wir wollen hingehen und ein Wort für euch einlegen." Was würdet ihr sagen, da doch der Gouverneur selbst euch eingeladen hat, direkt zu ihm zu kommen? Ihr würdet zu John Companie sagen: „kümmere dich um deine eignen Sachen, wir gehen zum Gouverneur."

Nun hört, in diesem Buch sagt Jesus Christus: „Wer zu mir kommt, den werde ich nicht hinausstoßen; wer da will, der komme; und wenn ich erhöht sein werde von der Erde, will ich sie alle zu mir ziehen." Ich möchte kein Wort gegen die Mutter unseres Herrn sagen, denn sie war eine gebenedeite, selige Frau; aber wenn der Herr Jesus, Gottes Sohn, sagt: „Kommet her zu mir," welchen Nutzen kann euch dann seine Mutter als Fürsprecherin noch gewähren, da ihr doch direkt zu dem Sohne selbst gehen könnt?" — Wenn nun die Priester ihre Runde machten und dachten, sie könnten einen großen Teil meiner Bekehrten einheimsen, so fanden sie die Indianer kühl zurückhaltend, und fragten sie nach dem Grunde, so antworteten die Indianer: „Ja, wenn ihr Langröcke eure Gebete durch die Fürsprache der alten Frau vor Gott bringen wollt, mögt ihr es immerhin thun; wir unsererseits gehen jederzeit direkt zu dem Sohne." Der Erfolg war, daß ich niemals einen bekehrten Indianer auf irgend einer Station verloren habe.

Diese Priester sind, man muß es zugeben, eifrig und nachahmungswert in Ansehung ihres Mutes, ihres Unternehmungsgeistes, ihrer Bemühungen, ihres Strebens nach Erfolg. In einem Indianerdorfe war ein französischer Priester, in seiner Weise ein ernster Arbeiter und sehr eifrig bedacht auf die kirchlichen Ceremonien; besonders streng schärfte er seinen Bekehrten die Fastengebote des Freitags ein. Den Indianern war gesagt, sie sollten am Freitag niemals Fleisch, sondern nur Fisch essen. Nun war das ja ganz schön für sechs Monate des Jahres, wo es Fische gab, aber in den anderen sechs Monaten, wo das Eis oft zehn Fuß dick war, war es schwieriger die vorgeschriebene Speise zu erlangen. Eines Freitags trat dieser Priester in einen Wigwam ein und fand einen Indianer, den er für einen seiner besten gehalten hatte, ein großes Stück Wildbret essend. Mit französischer Erregtheit stürzte er auf ihn los und rief: „Sagte ich Euch nicht, Ihr solltet am Freitag kein Fleisch essen?" Der Indianer schnitt sich ein weiteres Stück ab und sagte: „Das ist kein Fleisch, das ist Fisch." Darauf sagte der Priester: „Soll ich meinen Augen nicht trauen? Ihr eßt Wildbret?" — „Nein, nicht Wildbret, sondern Fisch." — Der Priester wurde ärgerlich und sagte: „Seid Ihr von Sinnen, oder bin ich es? Ich sage, es ist Wildbret." — „Nein, nicht Wildbret, sondern Fisch." — „Wie meint Ihr das?" — Der Indianer antwortete: „Ihr kamt neulich zu mir und sagtet: „Ich wünsche, daß Ihr zu meinem Volk gehört." Ich fragte: „Was wollt Ihr mit mir machen?" — „Ich will Euch taufen." — „Was wollt Ihr mir dafür geben?" Wir sprachen darüber, und Ihr entschiedet Euch, mir ein neues Hemd zu geben, wenn ich mich taufen ließe. Darauf sagte ich: „Nun, immerzu." Ihr nahmt Wasser, betetet Eure Gebete her und tauftet mich, dann sagtet Ihr zu mir: „Ich wandele dich um, du bist nicht mehr Ukusketus, sondern Peter." So bin ich seitdem Peter. Nun kommt der Freitag, Fisch habe ich nicht; aber ich bin sehr hungrig und kann nicht den ganzen Tag ohne Speise aushalten, so denke ich, ich werde es schon in Ordnung bringen. Ich nehme Wasser und hole ein tüchtiges Stück Fleisch und sage: „Du bist Fleisch, so sage ich." Dann gieße ich das Wasser darauf und taufe es und mache es zu Fisch und esse es." So sprach er und hatte gute Ruhe!!

Missionsleben und Missionsarbeit.

Seitdem die Geheimnisse Afrikas in Ost und West, in Süd und Nord bekannt geworden sind, gehört Britisch Nordamerika wohl zu den unerforschtesten Teilen der Erde. Gewiß sind da weite Gebiete, die für civilisierte Leute wenig oder gar keinen Wert haben. Aber daneben liegen doch auch hunderte von Millionen Morgen fruchtbaren Landes, die dieses Gebiet zu einem der ergiebigsten Weizenländer der Welt machen werden. Durch den Süden dieses ganzen Gebietes läuft vom Atlantischen zum Stillen Ocean die Canadische Pacifik=Eisenbahn, die längste Bahn der Welt. Diese große Straße hat nicht allein das lange Schweigen der Wildnis gebrochen und den großartigsten Verkehrsweg nach dem Orient eröffnet, sie hat auch die Indianer aus ihren Schlupfwinkeln in den Prärieen und Wäldern vertrieben, sie hat den Handel in ihre Wigwams gebracht, sie hat aber auch den Missionar und die Bibel bis vor ihre Thür geführt.

Aber nördlich von diesen neuen Provinzen, wo man den Pfiff des Stahlrosses hört, sind weite Striche, so sicher vor dem Einbruch des abenteuernden Pioniers wie die Wüste Sahara. Es ist ein Land großer Seen und Ströme mit einem ungezählten Reichtum von Fischen. Seine großen Sümpfe und Wälder strotzen von äußerst wertvollen Pelztieren. Bären und Wölfe, Renntiere, Musetiere und anderes Wild, das die Indianer gern jagen, giebt es in großer Menge.

Die Indianer-Stämme dieser nördlichen Gegenden leben ohne Ausnahme von Jagd und Fischfang. Sie sind nicht kriegerisch wie die Stämme der großen Prärie; aber sie haben in ihrem heidnischen Zustande viele gemeine und schändliche Bräuche, welche beweisen, daß sie gerade so schlecht sind wie die, deren Freude der Krieg ist, und daß sie das Evangelium gerade so notwendig brauchen.

Natürlich nimmt aber das Missionsleben in diesem Lande und unter diesem Volke einen ganz andern Charakter an als anderswo. Da das Missionsfeld unter so nördlichen Breiten liegt, ist der Winter lang und streng. Deswegen müssen die Wohnungen, wenn sie überhaupt gemütlich sein sollen, sehr warm gebaut sein. Es giebt keinen Kalkstein im Lande, darum auch keinen Kalk. Als ein dürftiger Ersatz muß Erde genommen werden. Die Häuser werden aus Baumstämmen erbaut, die im Viereck sorgfältig übereinandergeschichtet und verbunden werden; alle Lücken werden mit Moos und Sumpferde ausgefüllt. Wenn dieses Gerüst ganz trocken und so luftdicht wie möglich ist, wird das Gebäude inwendig mit gut verspundeten Brettern ausgeschlagen. Doppelfenster müssen helfen, um die bittere Kälte abzuhalten. Werden diese Art Blockhäuser gut gebaut und in Stand gehalten, so sind sie leidlich gemütlich, jedenfalls tausendmal besser als die elenden Wohnungen, mit denen sich die ersten Missionare begnügen mußten.

Da überall große Wälder vorhanden sind, dient Holz anstatt Kohle zur Feuerung; von Oktober bis Mai werden die großen Kachelöfen ununterbrochen auf Glühhitze erhalten.

Die Nahrung ist für die Missionare dieselbe wie für ihre Indianer. Mehl ist fast unbekannt. Fisch und Wild sind fast die einzigen Lebensmittel. Vor langen Jahren kamen die großen Saskatschewan-Bootszüge noch nach Norway-Haus und Yorkfaktorei mit großen Ladungen von Pemmikan

Im Innern

Wigwams.

und getrocknetem Büffelfleisch herunter. Aber die großen Büffelherden sind ausgerottet, und das weitberühmte Pemmikan gehört der Vergangenheit an. Zum letztenmal sah ich es im Jahre 1871 in großen Säcken auf dem Handelsposten der Hudson=Bai=Gesellschaft in Norway=Haus. Dieses Pemmikan war gewiegtes Büffelfleisch mit Talg; es wurde in Säcken aufbewahrt, die aus den grauen Fellen der geschlachteten Tiere zusammengenäht wurden; es gab früher in jedem Jahre wenigstens für einige Monate v ^rem einförmigen Speisezettel einige Abwechselung. Es ` ür Menschen mit gutem Appetit und gesundem Magen kräftig und nahrhaft; minder Abgehärteten oder solchen, die nicht daran gewöhnt waren, schmeckte es freilich gekocht und roh wie Talgseife. Es ist für immer dahin, zur Freude der einen, zum schmerzlichen Bedauern der andern.

Ich pflegte mit meinen indianischen Fischern jedes Jahr im Oktober und November in Netzen ungefähr 10 000 Weiß= fische zu fangen. Diese wurden auf großen Gestellen auf= gehängt, wo sie so hart wie Steine froren. Ein paar hun= dert packten wir auch in Schnee und Eis weg, um sie im folgenden Mai zu benutzen, wenn diejenigen auf den Ge= stellen von der Frühjahrswärme zu leiden anfingen. Diese 10 000 Weißfische waren erforderlich für die Missionarsfamilie und meine Hunde. Diese treuen Hunde, von denen so viel verlangt wurde, bekamen den ganzen Winter weiter nichts zu fressen. Die Missionarsfamilie hatte allerdings auch jede Woche einundzwanzigmal Weißfisch auf dem Tische!

Ab und zu hatten wir im Winter etwas Wild; ent= weder ich schoß, oder die Indianer=Jäger brachten es mir und tauschten es gegen Thee, Zucker, Baumwolle, Flanell und andere Gegenstände ein. Geld gab es nicht im Lande, aller Handel bestand in Tausch. Während des Frühlings

Blockhaus im Wald.

und der Sommermonate kam wohl einmal eine wilde Gans oder Ente und brachte eine kleine Abwechselung.

Ein oder zweimal im Sommer brachten uns die Boote der Hudson=Bai=Gesellschaft, der großen Handelskorporation des Landes, unsere jährlichen Vorräte. Diese bestanden in ein paar Säcken Mehl, einem Fäßchen Butter, einer Kanne Petroleum, Thee, Zucker, Seife und Medizinen. Sie brachten auch eine Auswahl einfacher, aber derber Kleidungsstücke und allerlei Haushaltungsgeräte, die wir entweder selbst brauchten oder für unsere Fischer, Hundetreiber, Bootsleute und Führer als Zahlungsmittel benutzten. Die Krankheiten und die schreckliche Armut der Leute stellten so hohe An= forderungen an uns, daß gewöhnlich unsere Mehlsäcke bald leer waren. Andere Leckerbissen folgten, und im Missions= hause war bald wieder wie in den Wigwams das Haupt= nahrungsmittel Fisch und wieder Fisch und noch einmal Fisch.

Ich bin oft gefragt worden, wie meine Frau und ich es ausgehalten haben zu leben, ja sogar frisch und gesund zu sein, ohne irgend etwas zu essen zu haben außer diesen Fischen. Ich will hier etwas aus der Schule plaudern. Wir waren beide gesund und fröhlich und dankbar in unserer Arbeit. Außerdem hatten wir beide entweder in unserm kleinen, heimelichen Blockhause oder draußen unter den In= dianern so viel zu thun, daß wir gewöhnlich sehr guten Appetit hatten und bereit waren zu essen, sobald das Essen für uns bereit war. Aber trotz alledem war allerdings die Einförmigkeit der Fischkost manchmal zu groß für uns. Es kam vor, daß wir uns zum Frühstück setzten, ohne daß einer von uns den geringsten Appetit auf Fisch hatte. Da saßen wir denn und schlürften unsere Tasse Thee dem Anschein nach ohne zu bemerken, daß der Fisch nicht angerührt war, und sprachen über unsere Pläne für den Tag.

„Meine Liebe," sagte ich wohl, „wo gehst du hin?"

„Kennedy muß meinen Schlitten anschirren, ich muß nach Playgreen-Spitze am Flusse, um zu sehen, wie es der alten, kranken Frau geht; ich muß ihr auch das warme

Missionar und Frau im Winterkostüm mit ihren Schneeschuhen in der Hand.

Hemd bringen, das ich ihr versprochen habe. Ich muß mich auch nach den kranken, kleinen Kindern umsehen, und wie Nancy's kleine Zwillinge gedeihen. Am Nachmittag werde ich nach Yorkdorf fahren, um Usememaus kranke Frau zu besuchen. — Und was ist dein Programm?"

Ich antworte etwa: „Nun erstens ist mir mitgeteilt, daß die Wölfe unsern Fischkasten heimgesucht haben; da wollen Martin Papanekis und ich mit unsern Hunden hinüberfahren, um zu sehen, wieviel Schaden sie angerichtet haben. Wir werden vielleicht ein paar Stunden Zeit brauchen, um den Platz so zu sichern, daß die Wölfe, wenn sie, was sehr wahrscheinlich ist, wiederkommen, nicht an die Fische kommen. Dann werde ich den Rest des Tages dort in der Nähe bleiben, die Nachbarn besuchen und mit ihnen beten."

So tranken wir unsern Thee, hielten Morgenandacht und machten uns daran, unser Tagesprogramm auszuführen. Unsere Pflegebefohlenen stellten in Krankheiten und allerlei Nöten Leibes und der Seele so hohe Anforderungen an uns, daß wir immer alle Hände voll zu thun hatten, um allen an uns ergehenden Bitten nachzukommen. So wurde es in der Regel Abend, ehe wir nach Hause zurückkehrten und uns in unserm kleinen Eßzimmer an den gedeckten Tisch setzten. Es war in Wirklichkeit unsere erste Mahlzeit am Tage; denn wir hatten ein stillschweigendes Abkommen getroffen, daß wir in diesen Zeiten, wo uns der Fisch nicht schmeckte, entschlossen das ganze Tagewerk ausrichten wollten, ohne etwas zu essen. Der Erfolg war, daß wir, nachdem wir das Frühstück stehen gelassen und die Mittagsmahlzeit ignoriert hatten, des Abends mit dem besten Appetit von der Welt, selbst auf Fisch, zum Tische kamen. Und was das beste war, dieser Appetit hielt gewöhnlich noch eine geraume Zeit danach an. Hunger ist und bleibt doch der beste Koch; und will der Appetit durchaus nicht kommen, so ist eine Enthaltsamkeit von zwei oder drei Mahlzeiten das beste Mittel, um ihn zurückzurufen und uns mit rechter Dankbarkeit auch gegen solche Gaben unsers Gottes zu erfüllen, welche wir unter andern Umständen nicht recht schätzen würden.

Nächst der Predigt war das wirksamste Missionsmittel meine ärztliche Thätigkeit. Die Indianer lieben Medizinen und besonders recht große Dosen. Je schärfer sie ist von Cayenne=Pfeffer oder je bitterer von irgend einer starken Drogue, um so lieber wird sie genommen, um so fester baut man auf ihre Wirkung. Wie waren sie erfinderisch, um uns zu bewegen, ihnen eine Tasse siedend heißen Thee mit einer gehörigen Portion Cayenne=Pfeffer darin zu geben! Ihrer Ansicht nach war das ein Universalheilmittel fast gegen jede Krankheit, die sie betraf, und war besonders willkommen an kalten Wintertagen, wenn das Quecksilber im Thermo= meter gefroren war und das Spiritus=Thermometer so etwa zwischen 40 und 60 Grad (C) unter Null anzeigte.

Die Armut unter unsern Indianern war sehr groß, und ihre Lebensweise trug nicht wenig dazu bei sie zu er= höhen und zu erhalten. Grund und Boden sind Stammes= eigentum, sie gehören deswegen niemand. All ihr Privat= eigentum sind ihre Wigwams, Netze, Felle, Flinten, Kähne, Hunde und Kleider. Hat jemand auf der Jagd Glück ge= habt, so gilt es als selbstverständlich, daß er von seinem Überfluß offenes Haus hält und alle zu sich einladet, die kommen wollen. Da bleibt denn der Topf gleich über dem Feuer, und es wird so lange gekocht und gegessen, bis für den glücklichen Jäger und seine Familie nichts mehr übrig ist. Selten entschließt sich jemand, aus dem erlegten Wild trockenen Pemmikan herzustellen und für die Zeit der Not aufzuheben; das würden ihm seine Nachbarn als Geiz und Knauserei auslegen.. So leben sie aus der Hand in den Mund, und in demselben Grade als das Wild seltener wird, werden sie ärmer und immer armseliger. Früher gab es unendlich viel kostbares Wild in den Wäldern, und es wurden große Massen von Silberfüchsen, Ottern, Bibern, Närzen, Mardern, Hermelinen und andern wertvollen Tieren gefangen und geschossen. Aber mit der Zeit starben einige dieser Tiergattungen ganz aus, und andere waren schwer zu finden. Ehedem wimmelte es in den Seen und großen Flüssen von Fischen. Durch das rasche Wachstum der weißen Bevölkerung ist indessen der Bedarf so gesteigert, daß jetzt kaum ein Viertel so viel Fische gefangen werden als früher. Wie soll nun für diese Fischer und Jäger ein Ersatz für die versiegenden Hilfsquellen ihres Landes geschaffen werden? Das Leben der Indianer ist seit langen Generationen eine Art Kommunismus. Kein Armer verhungert, solange noch ein Weißfisch oder ein Stück Wild im Dorfe ist. Haben sie Überfluß, so schwelgen sie zusammen; haben sie nichts, so hungern sie zusammen.

Sie konnten es deshalb zuerst gar nicht verstehen, daß der Missionar, wenn er seine Jahresvorräte bekommen hatte, nicht alles mit vollen Händen hergab. Diese Idee, mit den Vorräten im Hause sich für ein ganzes Jahr einzurichten und damit zu reichen, war ihnen einfach ein Rätsel. Sie fanden es sehr nett, daß so viele schöne Sachen mit den Booten gekommen waren; aber sie glaubten auch einen Anspruch darauf zu haben, sich alle diese Herrlichkeiten recht bald auszubitten. Wenn ich meine Rationen mit nüchterner Überlegung auf 12 Monate einteilte, kam ich bald in den Geruch eines selbstsüchtigen Geizhalses. Selbst an meiner Ehrlichkeit und Aufrichtigkeit wurden sie irre. Sie konnten es einfach nicht begreifen, wenn ich eine Schar hungriger Indianer abwies mit der Erklärung, der Vorrat für diesen Monat sei zu Ende. Sie wußten ja, daß ich noch für neun oder zehn Monate Vorrat in meiner Speisekammer hatte!

Eine Aufgabe unserer Missionsthätigkeit war es, diejenigen Indianer, welche den althergebrachten Wigwam mit einem kleinen, gemütlichen Blockhause vertauscht hatten, in die Geheimnisse eines civilisierten Haushalts einzuweihen. Man darf diese neuen Häuser nicht etwa mit den Bauten in unserer Heimat vergleichen; o nein, sie waren die denkbar einfachsten Blockhäuser; gewöhnlich hatte das ganze Haus nur einen Raum, in dessen einer Ecke die Feuerstätte angebracht wurde; war der Hausherr besonders geschickt und erfinderisch, so teilte er diesen Raum in zwei oder drei kleinere Gemächer ab, oder er brachte eine andere kleine Verbesserung an. Es war nicht ganz leicht, die wilden Sitten der Leute zu beeinflussen und ihnen die Anfangsbegriffe eines geordneten Hauswesens beizubringen. Wir versuchten ihnen auf mancherlei Weise zu helfen und fanden schließlich heraus, daß wir in folgender Weise die besten Resultate erzielten. Sobald wir merkten, daß einige Familien ihre Wigwams verlassen und feste Häuser bezogen hatten, kündigte ich am Sonntag von der Kanzel ab, daß meine Frau und ich vorhätten am Montag bei Pumagons, am Dienstag bei Ustasemaus und am Mittwoch bei Usemenaus zu Mittag zu essen. Diese Bekanntmachung versetzte die genannten Familien anfangs in die größte Aufregung, und gewöhnlich stürzten nach dem Gottesdienst die betreffenden Hausväter mit der Frage auf mich zu:

„Haben wir auch recht gehört, daß Sie und Ukemasquas (so nannten die Indianer meine Frau) bei uns zu Mittag essen wollen?"

„Gewiß habt ihr recht gehört," pflegte ich zu antworten. „Wir wollen beide zu euch kommen."

„Aber wir haben nichts weiter als Fisch im Hause," wandten die armen Leute ängstlich ein.

„Das genügt vollkommen; zu Hause essen wir gewöhnlich auch Fisch," lautete meine ruhige Antwort.

„Wir haben aber weder einen Tisch noch Stühle und auch kein Geschirr, um die Speisen für Sie anzurichten," hieß es weiter.

„Macht euch darüber keine Sorgen; wir kommen trotzdem zu euch," sagte ich unbekümmert um all die Einwände.

„Was sollen wir nur thun, um Sie würdig zu empfangen," riefen dann in heller Verzweiflung die Frauen, die hinter ihren Männern versteckt der Verhandlung beigewohnt hatten.

„Diese Frage habe ich von euch erwartet," entgegnete ich, und ich will euch gern einige Winke geben. Sorgt dafür, daß euer Häuschen zu unserm Empfang recht sauber und ordentlich ist, daß die Kinder gewaschen sind und eure Kessel, Pfannen und Schüsseln schön blinken. Richtet auch ein reichliches Fischgericht her; für alles Weitere sorgen wir. Wir kommen sicher an dem bestimmten Tage und sind überzeugt, daß wir recht schöne Stunden bei euch verleben werden."

Sichtlich erleichtert gingen die Leutchen ihres Weges.

Am Montag früh fuhr das Gefährt meiner Frau am Missionshause vor und wurde mit allerlei Gutem und Nützlichen bepackt. Ich muß vorausschicken, daß wir diese Besuche in den Indianerfamilien nur machten, wenn unsere eigenen Vorratskammern wohl gefüllt waren und wir einen tiefern Griff in dieselben wagen durften. Außer den Lebensmitteln nahm meine Frau noch ein Tischtuch, Messer, Löffel, Gabeln und andere notwendige Dinge mit. Etwa um neun Uhr fuhr meine Frau vor dem betreffenden Indianerhäuschen vor, dessen Bewohner sie schon lange mit einer gewissen ängstlichen Spannung erwartet hatten. Der blitzblank gescheuerte Fußboden bezeugte, daß die Leutchen schon vom frühen Morgen an thätig gewesen waren und weder Mühe noch Seife gespart hatten, um ihre Gäste würdig zu

empfangen; die Kinder glänzten von Sauberkeit, und die
ganze Familie hatte sich in den Sonntagsstaat geworfen.

Wenn ich gemäß der Weisung meiner Frau um halb
zwölf Uhr im Hause erschien, wurde ich aufs herzlichste
bewillkommnet; jedes einzelne Familienglied strahlte vor Freude
und meine Frau nicht minder. Natürlich drückte ich jedem
der Reihe nach die Hand und vergaß auch nicht, das Kleinste
in der wunderlichen Wiege zu küssen. Dann ging es zu
Tische, das heißt, von einem Tische und von Stühlen war
weit und breit nichts zu sehen; das schneeweiße Tischtuch
war auf dem beinahe ebenso schneeweißen Fußboden aus=
gebreitet, und auf demselben standen die Teller, Tassen,
Messer, Gabeln und Löffel in schönster Ordnung. Wir
setzten uns nach Art der Indianer auf den Boden, und
nach dem Tischgebet begann das Festessen. Wer etwa be=
sonders feine Gerichte erwartete, wurde freilich bitter getäuscht,
und ein verwöhnter Feinschmecker hätte beim Anblick der
Speisen sicherlich die Nase gerümpft; für unsere Indianer=
familie zählte aber diese Mahlzeit zu den größten Ereig=
nissen ihres Lebens, und auch wir nahmen dankbar und
gern das Gebotene an, machte es uns doch schon große
Freude, die armen Leute um uns so glücklich zu sehen.

Meine Frau hatte in den Vormittagsstunden die in=
dianische Hausmutter und deren Töchter gelehrt, wie sie eine
Mahlzeit schmackhaft zuzubereiten hätten, und nun beobach=
achteten die gelehrigen Schülerinnen mit nicht geringem
Stolze, wie herrlich uns alles mundete. Nach dem Essen
wurde die Silbenbibel hervorgeholt und darin gelesen, und
zum Schlusse erflehte der Missionar Gottes reichsten Segen
über das neue Haus herab, während die ganze Familie an=
dächtig kniete. Dann war der Zeitpunkt gekommen, wo ich
mich von meinen Wirten zu empfehlen hatte, während meine
Frau noch im Hause zurückblieb. Wenn sie dann am Abend

todmüde, aber doch sehr befriedigt heimkehrte, erzählte sie mir, was sie noch getrieben hatte. Erst hatte sie natürlich noch den Frauen gezeigt, wie sie das Geschirr sorgsam waschen und aufheben und alles wieder in Ordnung bringen müßten, und dann ging es an die Näharbeit. Vielleicht hatte die glückliche Indianerin von ihrem christlichen Ehemanne Stoff zu einem Kleide geschenkt bekommen, und meine Frau sollte es nun zuschneiden und anpassen. Auf die Frage, wie das Kleid gemacht werden solle, bekam sie fast immer die Antwort: „Machen Sie, bitte, daß es gerade so aussieht, wie das Kleid, das Sie vorigen Sonntag in der Kirche anhatten, Ukemasquao."

Die Bitte wurde nach Kräften erfüllt, und dann begann das Nähen und Unterweisen. Wußte die Indianerin später nicht mehr Bescheid in ihrer Arbeit, so kam sie ins Missionshaus und holte sich dort Rat.

Meine Frau beschränkte sich aber nicht bloß auf das Zurichten neuer Kleider, sondern lehrte die armen, unwissenden Frauen auch flicken, stopfen und die Kleider für die schnell heranwachsenden Indianermädchen verlängern.

Noch nach Jahren merkte man den guten Erfolg dieser Besuche. Es war unter den Indianerfrauen ein edler Wettstreit entstanden, wer von ihnen sein Hauswesen am besten nach Ukemasquaos Vorbild einrichten konnte, und sie gaben sich alle Mühe, um ihren Männern zu zeigen, daß sie nicht mehr das heidnische, unordentliche Leben wie früher führen, sondern fortan Christen heißen und wie Christen leben wollten.

Lesestudien.

In den verschiedenen Ländern müssen naturgemäß auch verschiedene Missionsmethoden in Anwendung gebracht werden, und ein Missionar muß die Gabe haben, sich seiner Umgebung anzupassen, wenn er erfolgreich arbeiten will. Er muß ausfindig machen, auf welche Weise er den Leuten am besten nahe kommen kann. Die Indianer im britischen Nordamerika sind fast ausschließlich Jäger und Fischer, sie kennen weder Ackerbau noch Handwerke. Auf ihren Jagdzügen ziehen sie unstät umher und bleiben selten lange an einem Orte. Da kann unmöglich der Missionar immer bei ihnen sein, und es ist doppelt nötig, daß sie lesen lernen, um sich in ihrer monatelangen Einsamkeit allein aus Gottes Wort und christlichen Büchern zu erbauen. Aber eben deshalb ist es auch überaus schwer, eine regelmäßige Schule in Gang zu bringen, um nach gewöhnlicher Methode das Lesen zu lehren. Da ist der Methodisten=Missionar Jakob Evans, der sein Leben unter den Rothäuten am Nelson=Flusse und am Winnipeg=See zugebracht hat, auf einen vortrefflichen Gedanken gekommen. Er hat für die Indianersprachen eine einfache Schrift erfunden und nach und nach vervollständigt.

Jedes der sehr einfachen Zeichen stellte eine ganze Silbe dar, somit fällt das mühsame Buchstabieren weg. Evans hatte anfangs mit den größten Schwierigkeiten zu kämpfen. In jenem abseits von aller Kultur gelegenen Lande stand ihm wenig Material zu seinen Versuchen zu Gebote, und

es fehlte ihm an den einfachsten Dingen. Von den Pelz=
händlern erbat er sich das Blei, mit dem ihre Theebüchsen
ausgelegt waren, schmolz es um und schnitt aus dieser Masse
seine ersten Lettern. Statt des Papiers mußte er anfangs
Birkenrinde verwenden, und die Druckfarbe setzte er sich
aus dem Ruße seines Kamins und aus Störöl zusammen.
Mit diesem einfachen Material druckte er ganze Abschnitte
aus der heiligen Schrift und einige Lieder in der Sprache
der Kri=Indianer. Als bie Kunde von seiner wunderbaren Erfin=
dung nach England kam, fanden sich sofort Leute, die ihn in
großmütigster Weise unterstützten; man ließ einen reichlichen Vor=
rat seiner Lettern gießen und schickte diesen sowie eine Hand=
druckerpresse, Papier und andere notwendige Dinge durch die Hud=
son = Bai = Handels= Gesellschaft nach Nor= way = Haus, seiner
Station, am Ausflusse

(a) SYLLABICS.

▽ a	△ ĕ	▷ ŏ	◁ ä*
∨ pā	∧ pĕ	> pŏ	< pä
∪ tā	∩ tĕ	⊃ tŏ	⊂ tä
⌐ chā	⌐ chĕ	⌐ chŏ	⌐ chä
ᑫ kā	ᑭ kĕ	ᑯ kŏ	ᑲ kä
ᓇ nā	σ nĕ	ᓄ nŏ	ᓈ nä
ᒪ mā	⌐ mĕ	ᒧ mŏ	ᒫ mä
ᓴ sā	ᓭ sĕ	ᓱ sŏ	ᓵ sä
ᔭ yā	ᔦ yĕ	ᔪ yŏ	ᔮ yä

*a, as in far

Evans Silbenalphabet.

des Nelson=Flusses aus dem Winnipeg=See. Jahrelang
wurden dort auf diese Weise Teile der heiligen Schrift ge=
druckt, bis schließlich die britische Bibelgesellschaft die Arbeit
übernahm, die das Volk seitdem reichlich mit Bibeln versieht.
   Die christlichen Indianer hängen mit großer Liebe an
ihrer Bibel, die ihnen in ihren einsamen Wigwams und

Jagdlagern ein solcher Trost geworden ist, daß sie sich unter keinen Umständen von derselben trennen würden. Mögen ihre Wanderungen noch so lange und anstrengend sein; mögen sie ihre Mundvorräte für mehrere Tage auf dem Rücken tragen müssen und deshalb alles einigermaßen Entbehrliche zurücklassen, so würden sie doch lieber tagelang hungern, als das „große Buch" preisgeben. Ich habe nie erlebt, daß ein christlicher Indianer seine Bibel weggeworfen hätte, wenn die Not ihn zwang, seine Last zu vermindern. Als Jäger haben sie viel Zeit, um ihre Bibel zu lesen. Zu Anfang des Winters gehen sie in entlegene Jagdgründe und schlagen dort ihr Lager auf. Nachdem sie ihre Netze und Fallen aufgestellt und sonstige Vorbereitungen getroffen haben, müssen sie, besonders bei gewissen Wildgattungen, längere Zeit verstreichen lassen, ehe sie ihre Fallen untersuchen. Einige wegen ihres kostbaren Pelzes besonders geschätzte Tiere haben eine wunderbar feine Nase und vermeiden oft lange den Ort, wo sie menschliche Spuren entdeckt haben. In dieser Wartezeit lesen die Indianer in ihren Wigwams eifrigst ihre Bibel, deren wunderbare Geschichten ihnen viel wertvoller sind als alle Legenden und Sagen, die sie von ihren Vorfahren überkommen und von den alten Erzählern ihres Stammes wieder und wieder gehört haben. Sobald sie die Kunde von der Liebe Gottes, die sich in seinem Sohne offenbart, angenommen haben und wissen, daß davon in diesem Buche geschrieben steht, sind sie voll dankbarer, anbetender Liebe, und die Bibel wird ihnen unaussprechlich wert.

Bei meinem ersten Besuche unter diesem merkwürdigen Volk machte ich die Erfahrung, daß ich mit dem Geschenk einer Bibel die größte Freude bereiten konnte, und das waren Leute, die sich erst vor kurzem vom Götzendienste losgesagt und ihre Herzen Gott übergeben hatten.

Auf irgend eine Weise hatten sie das Silbenalphabet kennen gelernt und sahen es nun als ein großes Glück an, in den Besitz einer eigenen Bibel zu kommen. Unter denen, die vor meinem Besuch noch nie eine Bibel gesehen oder einen Missionar gehört hatten, herrschten die sonderbarsten Vorstellungen von dem Buche. Die einen fürchteten sich davor und meinten, es sei eine „große Medizin", die nur dem weißen Manne nütze. Ein alter Beschwörer prahlte in meiner Gegenwart mit seiner Wunderkraft; als ich ihn aber aufforderte, mir doch einmal seine Macht zu zeigen, versagte diese natürlich vollkommen. Er behauptete, das Buch in meiner Tasche sei schuld daran. Ich erlaubte einem Indianer, meine Bibel eine Strecke weit fortzutragen. Als er auch dann kläglich zu schanden wurde, erklärte er, er könne nichts thun, weil ich von dem Buche so viel in meinem Kopfe oder Herzen habe.

Die Missionare bedienen sich der einfachsten Mittel, um die Wißbegierigen das Silbenalphabet zu lehren. Manchmal malen sie die Zeichen mit einem Bleistift auf ein Brett oder ein Stück Birkenrinde und sagen sie so lange laut vor, bis die Schüler sie begriffen haben und nachsprechen können. Gebricht es an Bleistiften, so muß ein angebrannter Stock oder eine Kohle aus dem Feuer dienen.

Unser Bild S. 59 zeigt uns, wie ich es am Burntwood=Flusse in der abgelegenen Gegend am Nelson gemacht habe. Ich war der erste Missionar, der den Indianern jenes Gebiets das Evangelium predigen durfte, und abgesehen von einigen alten Beschwörern, Heilkünstlern und Polygamisten freuten sich die Leute nicht nur über meinen Besuch, sondern sie hörten auch begierig zu und nahmen das Evangelium an. Ich besuchte sie zweimal im Jahre und begann das Werk; einem meiner lieben Kollegen war es beschieden, dort eine Missionsstation zu errichten. Bei meinen Besuchen, die ich im Winter mit meinen Hunden und im Sommer auf einem Kahne machte, mußte ich mir die Indianer zum Gottesdienste sammeln, so gut ich eben konnte. Der Vertreter der Hudson=Bai = Gesellschaft, die dort einen Handelsposten hatte, stellte mir bereitwillig die große Küche seines Hauses zur Verfügung und unterstützte das gute Werk auf jede Weise. Dort und in den elenden Wigwams kamen wir zusammen, um miteinander zu beten, zu singen und den Heilsplan Gottes so einfach als möglich zu verkündigen.

Ich habe in meiner Missionsthätigkeit die Erfahrung gemacht, daß die meisten Menschen der Sünde überdrüssig sind. Im tiefsten Innern des menschlichen Herzens ist ein Sehnen, das nur durch die Annahme des Herrn Jesu gestillt wird. Diese innersten Gefühle mögen lange verborgen bleiben, oder die Menschen mögen versuchen, das brennende Verlangen durch die peinliche Ausübung ihrer religiösen Ceremonien zu stillen, die ihr Götzendienst von ihnen ver= langt. Entschließt sich aber einmal einer, sich auszusprechen und seinem schweren Herzen Luft zu machen, so wiederholt sich immer wieder der Schrei des Unbefriedigtseins und der Ruhelosigkeit. Glücklich zu preisen ist der Missionar, dem es gelingt so das Vertrauen solcher im tiefsten Innern nach Frieden verlangenden Leute zu gewinnen, daß sie ihm ihr Sehnen offenbaren. Dann ist der Sieg schon nahezu ge= wonnen. Wird solchen Seelen der Heiland in seiner ganzen Fülle nahe gebracht und von ihnen angenommen, dann werden sie bald in Ihm volles Genüge finden.

Als ich eines Tages einen längeren Gottesdienst hielt, fragte ich meine aufmerksamen Zuhörer, von denen damals noch keiner lesen konnte: „Möchtet ihr die Bibel nicht selbst lesen können?" und ein herzliches „Ja" tönte mir sofort von vielen Lippen entgegen. Es dauerte nicht lange, so waren die nötigen Vorbereitungen zum Unterricht getroffen. Glück=

licherweise hatte ich eine stattliche Anzahl Silbenbibeln auf meinem Kahne mitgebracht und sie auf der Reise bei jedem Sturme ängstlich gehütet, ja sie sogar bisweilen selbst getragen, wenn wir mit dem Kahne nicht mehr weiter konnten. Sonst aber war rein nichts von dem vorhanden, was man zum Leseunterricht gebraucht, weder Tafeln noch Tinte, noch selbst Papier. Aber „Not macht erfinderisch!"

In nächster Nähe befand sich ein großer Fels, dessen eine Seite so glatt wie eine Mauer war. Konnte man sich einen bessern Ersatz für eine Wandtafel denken? und die halbverkohlten Stöcke, die nach unserm Mittagessen auf der Feuerstätte liegen geblieben waren, dienten uns statt der Kreide.

Nach einigen einleitenden Worten fing ich an, meinen Zuhörern die einzelnen Zeichen einzuprägen: a, e, i, o gerade, als ob ich kleinen Abc-schützen die ersten Begriffe des Lesens beizubringen hätte. Einer nach dem andern mußte die Leute wiederholen, bis sie ihnen allen geläufig waren. Darüber vergingen Stunden. Anfangs waren alle mit Leib und Seele bei der Sache, von dem achtzigjährigen Greis bis zu den sechs- und achtjährigen Knaben und Mädchen herab; alle schienen zu wetteifern, wer die Schwierigkeiten am ehesten überwinden könne.

Allmählich ließ der Reiz der Neuheit besonders bei den ältern Leuten nach; denn die bloßen Silben hatten für sie ja noch keine weitere Bedeutung. Einige zündeten ihre Pfeifen an und teilten ihre Aufmerksamkeit zwischen diesen und dem Unterricht. Ich mußte sie natürlich gewähren lassen; es wäre thöricht und nutzlos gewesen, ihnen zu wehren, und ich kannte ein Mittel, um sie bald von neuem zu fesseln. Unterdessen würzte ich das mühsame Studium ab und zu mit einer passenden Geschichte und erreichte doch schließlich, daß ein Teil meiner Schüler die Silben

Lesestudien auf dem Felsen.

ganz geläufig lesen konnte. Ehe ich nun die Silben zu
Wörtern zusammensetzte, stachelte ich die Versammlung durch
einige ermunternde Worte zu neuer Aufmerksamkeit an.
Dann begann ich, die einfachsten Worte zusammenzusetzen, zum
Beispiel: << (Pa=pa) LL (Ma=ma) △ΓΓ (U-me-me
Taube) und zeigte ihnen, wie ich die Silben zu Wörtern
zusammenfügte. Alle lauschten gespannt, und als ich
endlich mit meinem angebrannten Stock die Silben Lσ⊃
(Ma-ne-to, großer Geist) zusammensetzte, kannte ihr Er=
staunen keine Grenzen. Sie trauten ihren Augen kaum,
daß vor ihnen Maneto, der große Geist, stand, den sie im
Donner und im Sturm gehört und im Blitzstrahl gesehen
hatten, von dem sie in ihren Wigwams und bei ihren Lager=
feuern gesprochen hatten. Hier stand vor ihren Augen das
Wort: „Maneto" auf dem Felsen, und sie hatten selbst ge=
sehen, wie dies mittels des angebrannten Stockes entstanden
war. Es war für sie wie ein Wunder, und nie vorher
hatte ich Indianer in solcher Erregung gesehen.

Eine Zeitlang stand ich sprachlos vor ihnen und freute
mich dankbaren Herzens an ihrem Entzücken. Einige trauten
ihren eigenen Augen nicht und fragten ängstlich ihre Nach=
barn: „Heißt es bei dir auch Maneto." Andere rieben sich
die Augen, als ob sie fürchteten, man habe ihre Sehkraft
durch irgend ein Zaubermittel geschwächt. Fortan hatte ich
über keine Unaufmerksamkeit mehr zu klagen. Die Pfeifen
gingen aus, und aller Augen waren auf mich gerichtet, als
ich die einzelnen Silben zu dem Satze zusammenstellte:
„Gott ist die Liebe." Nachdem ich darüber mit ihnen etwas
gesprochen hatte, schrieb ich weiter: „Gott liebt euch" und
andere kurze Sätze aus dem teuren Gotteswort. So ver=
gingen glückliche Stunden, bis eine ganz stattliche Anzahl
meiner Zuhörer ziemlich geläufig Worte aus den Silben
zusammensetzen konnte.

Dann öffneten wir unser Bibelpaket, teilten aus, soweit der Vorrat reichte, und ich ließ sie die ersten Worte der Bibel zusammensetzen. Trotz mancherlei Schwierigkeiten brachten wir es mit großer Geduld fertig, daß meine Schüler in ihrer eigenen Sprache lesen konnten: „Mawache nistum kaesamaneto kenseton kesik mena aski" (Im Anfang schuf Gott Himmel und Erde).

Sobald sie diesen Vers allein lesen konnten und dessen Sinn ein wenig erfaßt hatten, brachen sie in ein neues Entzücken aus. Dieser erste Vers in der Bibel birgt ja für jeden denkenden Menschen, mag er gelehrt sein oder nicht, eine Fülle von Gedanken. In demselben offenbart sich Gott dem Menschen zum ersten Male, und die ernstesten Schriftforscher haben sich je und je lange mit dem Studium dieses ersten Verses beschäftigt. Nun las ihn zum ersten Male eine kleine Schar Heiden, die bisher noch tief im Götzendienst gesteckt hatten; ihr reger Geist war aber wohl fähig, eine neue Wahrheit in sich aufzunehmen, und ihre freudige Überraschung war grenzenlos.

„Nun wissen wir alles!" riefen die einen. „Kaesa maneto (der große Gott) ist es, der alles, Himmel und Erde geschaffen hat."

„Unsere Väter," sagten die andern, „haben sich oft in ihren Wigwams verwundert gefragt, wie denn die Dinge, die sie sahen, entstanden sind; aber alle mußten bekennen, daß sie es nicht wußten. Wir aber wissen es jetzt! Wir wissen es!"

Sie lasen den Vers wieder und immer wieder, bis sie ihn sich tief ins Gedächtnis eingeprägt hatten. Wenn sie dann später in ihren Jagdhütten oder am Lagerfeuer bei einander saßen, lehrten sie ihn diejenigen, die ihn noch nicht kannten, und jedesmal erfüllte es sie mit neuer Freude, daß sie endlich eine Antwort auf die Frage hatten, die sie so lange schon beschäftigt hatte.

Tag für Tag versammelten wir uns vor dem großen Felsen und lernten einen Vers nach dem andern. Je vertrauter meine Schüler mit den Silben wurden, desto schneller ging es mit dem Zusammensetzen der Worte. Die armen Indianer betrieben das Studium mit solchem Eifer, daß einige, obwohl sie nie in ihrem Leben eine Schule besucht hatten, doch in zehn oder vierzehn Tagen das Wort Gottes fließend in ihrer Muttersprache lesen konnten.

Jahrzehntelang lehrte man die christlichen Indianer auf den verschiedenen Missionsstationen nur das Silbenalphabet, und sie konnten darum auch nur die für sie besonders gedruckten Bücher lesen. Jetzt wird leider in allen Schulen die englische Sprache und das bei uns gebräuchliche Alphabet gelehrt, und die jüngere Generation versteht nicht nur Englisch, sondern kann auch englisch lesen und schreiben. Es werden eine große Anzahl englischer Bibeln verteilt, und viele junge Indianerchristen ziehen sie der indianischen Übersetzung vor. Es wird leider dadurch in einigen Jahrzehnten nicht nur die geistvolle Erfindung des Missionars Evans in Vergessenheit geraten, sondern damit auch ein gut Teil der Liebe dieser armen Völker zu ihrem anererbten Volkstum und ihrer merkwürdigen Sprache verloren gehen.

Sandy Harte.

Eine besondere Freude war es mir immer, wenn mich im Sommer der Kahn, im Winter der Schlitten nach den einsamen und abgelegenen Gegenden am mittleren Nelson=Flusse brachte. Wir hatten ja auch anderwärts zahlreiche Gemeinden und eifrige Christen, aber diese Gemeinden waren von meinen Vorgängern und Mitarbeitern gesammelt, ich war nur in ihre Arbeit eingetreten. Hier am Nelson=Flusse war ich der erste Glaubensbote; ich hatte die Freude, als der erste und lange Jahre hindurch als der einzige diesen Indianern die frohe Botschaft verkündigen zu dürfen. Und jedesmal zog es mich nach diesem Teile meines Missions= feldes mit besonderer Liebe; ich sollte mit ihm noch durch ein besonders festes Band verknüpft werden.

Eines Sommers war ich wieder den Nelson hinab ge= fahren und in den Wigwams dieser Indianer eingekehrt. Ich hatte am Vormittage die Kinder um mich versammelt und hatte sie in die Geheimnisse des Lesens und Schreibens einzu= führen versucht. Nach Schluß der Unterrichtsstunden ging ich zwischen den Birkenrinden=Hütten spazieren und trat bald hier bald dort ein, um ein freundliches Gespräch anzu= knüpfen. Ich kam in das Birkenzelt eines der Häuptlinge; da lag auf einem Lager von Decken und Kaninchenfellen ein hübscher, schlanker Junge. Ich fragte ihn:

„Warum liegst du hier, während alle deine Kameraden draußen im hellen Sonnenscheine spielen?"

Er schlug seine Decken zurück und zeigte mir eine große, klaffende Wunde in seiner Seite: „Sieh, das hindert mich draußen zu spielen!" sagte er in einem so verzweifelten, hoffnungslosen Tone, daß ich mich teilnehmend an seinem Bette niedersetzte und mir die Geschichte seiner Leiden erzählen ließ. Sandy Harte, so hieß der Häuptlingssohn, war mit einem Spielgefährten auf die Jagd gegangen, um Rebhühner und Kaninchen zu schießen. Wie sie durch das hohe Gras wateten, war durch Unachtsamkeit des andern Flinte losgegangen und hatte ihm die ganze Schrotladung in die Seite gejagt. Das Fleisch war zerrissen, alle Sehnen und Muskeln durchschnitten und der Hüftknochen ganz und gar zersplittert. Es war keine Möglichkeit, daß er jemals wieder ordentlich gehen konnte. Nach heidnischem Indianerbrauch lag ein schreckliches Los vor ihm, und das wußte der arme Junge: sie würden eines Tages über ihn herfallen und ihn ermorden. Ein tüchtiger Jäger und Krieger konnte er nicht mehr werden, was sollte er seinem Stamme und sich selbst zur Last leben! Ach, und er war noch so jung, und die Sonne so leuchtend und das Leben so schön. Ich hatte tiefes Mitleid mit dem armen Jungen.

„Möchtest du wohl lesen lernen?" fragte ich ihn nach einer Weile.

„Ach ja, herzlich gern," sagte er schnell, und ein heller Freudenstrahl zuckte durch seine großen, schwarzen Augen.

Ich fing an, in den Sand neben seinem Lager die Buchstaben zu malen, und er folgte dem Unterricht mit einem Interesse und einer Freude, die mich selbst überraschte. Von diesem Tage an ging ich an jedem Tage nach Beendigung der Unterrichtsstunden für die andern Kinder zu Sandy Harte, um ihm noch besonders eine oder zwei Lektionen zu erteilen.

Aber der Sommer war kurz und mein Missionsfeld groß, nach einigen Wochen mußte ich weiter, es warteten noch andere Indianer auf meinen Besuch. Vor meiner Abreise rief ich die Häuptlinge des Dorfes noch einmal zusammen, um allerlei mit ihnen zu besprechen. Da legte ich ihnen den armen Sandy Harte dringend ans Herz; sie möchten seiner schonen und ihm sein junges Leben lassen. „Ach wenn doch der Knabe etwas lernen und zum Lehrer ausgebildet werden könnte! Ein Jäger kann er ja mit seinem lahmen Beine nicht mehr werden. Aber welch ein Segen wäre es für den ganzen Stamm, wenn er sein Lehrer würde und in der jahrelangen Abwesenheit des Missionars Kirche und Schule halten könnte!" Das waren meine letzten Worte. Sie geleiteten mich noch bis ans Ufer in meinen Birkenkahn, wir schüttelten noch einmal die Hände, und schnell hatte mich der reißende Fluß ihren Blicken entzogen.

Ein Jahr war seitdem vergangen. Viele andere Amtspflichten hatten mich verhindert, meine Indianer am Nelson-Flusse zu besuchen. Ich hatte Sandy und sein lahmes Bein fast vergessen. Ich saß an einem schönen Sommerabend mit meinem lieben Weibe in Norway-Haus vor dem Missionshause und sah nach dem im Abendsonnenglanze schimmernden See hinüber. Da hörten wir das Plätschern von Rudern im Wasser; ein Kahn legte ganz nahe bei unserm Hause an. Zwei Indianer in ihrer malerischen Ledertracht stiegen aus und kamen gerade auf uns zu. Ehe ich nur ihren Gruß erwidern konnte, riefen sie:

„Wir gedenken deiner guten Worte an uns — und wir haben dir Sandy mitgebracht."

„Sandy, wer ist Sandy?" fragte ich.

„Wer Sandy ist? Sie erinnern sich doch — der Junge mit dem zerschossenen Bein — der, den Sie einzeln lehrten — Sie sagten uns doch, er solle etwas lernen, um unser

Lehrer zu werden. Da haben wir ihn mitgebracht, unterrichten Sie ihn!"

Richtig, da lag ja der arme Sandy Harte in dem Boote; jetzt erhob er sich langsam und kam mühsam auf zwei schwerfälligen Krücken dahergehumpelt. In seinen schwarzen Augen lag solch eine dringende Bitte, und die Indianer drangen so eifrig auf mich ein, daß ich mich schnell entscheiden mußte. Ich teilte meiner Frau kurz den Sachverhalt mit. Fast waren mir meine unüberlegten Worte leid, da sie eine solche Auslegung gefunden hatten. Es war gerade damals Schmalhans Küchenmeister bei uns; im Süden, in Manitoba, wütete ein Aufruhr und schnitt uns von allen Zufuhrquellen ab. Unsere Speisekammer war leer. Oft wußten wir, wenn wir Frühstück gegessen hatten, nicht, ob und wann wir etwas zu Mittag haben würden. Und nun kam da dieser Indianerknabe und wollte in dieser Notzeit unser Hausgenosse werden. Seine Angehörigen konnten selbstverständlich nichts zu seinem Lebensunterhalte beisteuern, sie hatten selber nichts. Mein braves Weib machte der Überlegung am ersten ein Ende.

„Es ist offenkundig Gottes Weg, der uns diesen Knaben zugesandt hat; er wird auch Speise genug geben, daß wir ihn satt machen können. In Gottes Namen wollen wir ihn aufnehmen." Sandy Harte durfte bleiben, er bekam ein kleines Stübchen oben im Missionshause angewiesen. Seine Landsleute bestiegen befriedigt ihre Kähne wieder und ließen sich pfeilschnell von der reißenden Strömung den Nelson-Fluß abwärts der Heimat zutreiben.

Ob wir wohl Freudigkeit genug gehabt hätten, den Indianerknaben in unser Haus aufzunehmen, wenn wir gewußt hätten, auf welche Proben er unsere Geduld stellen würde? In den ersten Tagen und Wochen ging ja noch alles gut, da war ihm alles noch zu neu, seine schönen

Kleider, die wir ihm für seine alten Lumpen schenkten, sein freundliches Stübchen, die Schule, die Gottesdienste in der Kirche, die Kindersonntagsschule — alles erregte sein Interesse und seine Aufmerksamkeit. Aber der Reiz der Neuheit verflog, der Sommer ging zu Ende, der harte Winter zog in das Land, das Leben wurde von Woche zu Woche einförmiger, abwechselungsloser. Da kam mehr und mehr der ganze Trotz und Eigensinn seiner ungebändigten Indianer=Natur zum Durchbruch. Es kam ihm als etwas Schmachvolles und Erniedrigendes vor, daß er einer Frau, der Missionarsfrau, gehorchen sollte. Das war nach seinen Indianerbegriffen eine ganz ungeheuerliche Zumutung. Er that einfach, als hörte er nicht, wenn meine Frau mit ihm redete, und es fiel ihm nicht ein, ihren Befehlen Folge zu leisten. Auch die strenge, regelmäßige Hausordnung, wo alles nach der Uhr geordnet war, dünkte ihm ein unerträglich schweres Joch. Er wurde immer einsilbiger und verschlossener, immer eigensinniger und trotziger. Es war wochenlang einfach nichts mit ihm anzufangen. Wir überschütteten ihn mit Liebe und trugen seine Unarten mit unermüdlicher Geduld, aber er schien dafür weder Auge noch Ohr zu haben, er wurde nur um so verbissener.

Der Frühling kam ins Land, der Schnee schmolz, die Flüsse tauten auf. Da bemächtigte sich Sandys ein unüber= windliches Heimweh, heim nach seinen freien Wäldern und Flüssen, heim nach dem wilden, ungebundenen Wigwamleben, heim zu seinen Eltern und Geschwistern. Er konnte nicht das Murmeln des Flusses hören oder das Plätschern der Wellen, ohne mächtig ergriffen zu werden. Und doch war es sicher, daß er an Leib und Seele zu Grunde gegangen wäre, wenn wir ihn hätten ziehen lassen. Wir mußten ihn zurückhalten, so sauer es uns auch wurde.

Eines Morgens war Sandy wie gewöhnlich mit seinen Büchern zur Schule gewandert, aber er kam zu Mittag nicht nach Hause. Wir machten uns deswegen noch keine Sorge, bis am Nachmittag der Schullehrer kam und nach dem Jungen fragte, er sei heute nicht in der Schule gewesen. Wo steckte Sandy? Ich bot sogleich die Indianer unsers Dorfes auf, um auf alle Seiten nach dem Flüchtling zu suchen. Nach Stunden fanden wir ihn, er lag ganz in sich zusammengekauert zwischen den Felsen da, wo die Halbinsel weit in den Playgreen=See vorsprang und einen weiten Ausblick den Nelson=Fluß hinab gewährt. Da lag er und schaute unverwandt nach Nordosten seiner Heimat zu und weinte bitterlich.

Ich wußte erst nicht recht, was ich machen sollte. Konnte ich ihm seinen Willen lassen und ihn heimschicken? Ich konnte mich nicht dazu entschließen. Ich versuchte einen andern Weg. Ich ergriff einen tüchtigen Stock, ging damit auf Sandy los und herrschte ihn an, er solle augenblicklich und so schnell als möglich nach Hause gehen und sich nicht unterstehen noch einmal wegzulaufen. Der Knabe hatte mich noch nie böse gesehen, er sah mich erschrocken an, sah auf meinen Stock, nahm seine Krücken und humpelte, so schnell ihn seine lahmen Beine tragen wollten, nach Hause.

Noch am selben Abend rief ich ihn auf mein Studier= zimmer. „Sandy", sagte ich zu ihm: „Du bist das un= dankbarste Geschöpf von der Welt. Wir haben dich nun ein Jahr in unserm Hause und haben dich mit Wohlthaten überschüttet. Ist das nun der Dank für alle unsere Liebe? Marsch, geh auf dein Zimmer und hole alle die Kleider und Schuhe, Strümpfe und Taschentücher, Hüte und Messer, die wir dir geschenkt haben. Du bist's nicht wert."

Ganz vernichtet stand der arme Junge da. Er war so stolz auf seine schönen Kleider und hatte sich damit so

gern in der Kirche und Schule gezeigt; sie waren so viel
hübscher als seine alten Kleider. Und nun gar sein blitz=
blankes Taschenmesser und seinen Winterhut — von allem
sollte er sich trennen, und wie er glaubte, auf Nimmerwieder=
sehen. Da dauerte es eine lange, lange Weile, bis der
Junge die Bodentreppe wieder heruntergeschlichen kam. Er
hatte alle seine Herrlichkeiten in ein Bündel zusammen=
gebunden und legte es ganz still auf die Bank neben der
Thür. Ich hatte unterdessen eine Frau rufen lassen und
sagte zu ihr in Sandys Gegenwart: „Da, nimm das Bündel.
Wasche alle Wäsche und flicke alle Löcher und bringe mir
alles wieder, wenn es fertig ist." Die Frau nahm das
Bündel und ging davon, Sandy sandte ihr einen langen,
wehmütigen Blick nach. Beim Abendessen wagte er seine
Augen nicht aufzuschlagen, und in den nächsten Tagen drückte
er sich wie ein Missethäter in den Ecken herum.

Nach drei oder vier Tagen kam die Frau mit allen
Sachen zurück; alles war fein gesäubert und ausgebessert;
es sah wie neu aus. Meine Frau zählte alles nach und
legte es nebeneinander auf den großen Tisch; ich schloß
meinen Vorratsschrank auf und holte noch ein paar Schnee=
schuhe und ein kleines Terzerol heraus und legte es neben
die andern Sachen. Dann riefen wir Sandy herein und
sagten zu ihm mit den freundlichsten Worten: „Sandy, nun
kannst du alle deine Sachen wieder einpacken und auf dein
Zimmer bringen." Sandy traute seinen Augen und seinen
Ohren nicht. Sollte er wirklich alle diese schönen Sachen
wieder haben, noch dazu alle gewaschen und ausgebessert,
und dazu obendrein die Schneeschuhe und das Terzerol?
Es war zu viel für den armen Jungen; die dicken Thränen
quollen ihm aus den Augen, als er seine Sachen zusammen=
packte und hinaustrug, — aber ein Wort des Dankes oder
der Abbitte kam nicht über seine Lippen.

Sandy war offenbar aus seinem innern Gleichgewicht gekommen. Diese Mischung von Strenge und Milde war ihm unbegreiflich. Wir thaten, als sei nichts vorgefallen, und waren unverändert freundlich gegen ihn. Aber oft merkten wir, wie Sandy seine pechschwarzen Augen durchbringend und fragend auf uns richtete. Schließlich suchte er sich bei den christlichen Indianern im Dorfe Rat. Diese wußten glücklicherweise Bescheid und konnten ihm zurechthelfen.

„Sandy, bist du denn nur mit Blindheit geschlagen? Jeder von uns würde gern mit dir tauschen, keiner von uns hat so schöne Kleider und so reichliches Essen wie du. Der Missionar und seine Frau behandeln dich wie ihr eigen Kind. Und du bist stets so trotzig, so eigensinnig, so widerspenstig gegen die Missionarsfrau. Du solltest dir doch wahrlich alle Mühe geben, den weißen Lehrern jeden Wunsch von den Augen abzulesen und ein recht fleißiger, ordentlicher Junge zu werden."

Das machte Eindruck. Sandy wurde wirklich ein anderer; er bemühte sich aufs Wort zu gehorchen, er fehlte nie auf seinem Platz in der Schule und in der Kirche, er war uns wenigstens keine Last mehr im Hause. Da er nur mühsam gehen, aber vortrefflich rudern konnte, hatte ich ihm einen kleinen, leichten Kahn gekauft. Da konnte er sich auf dem Wasser tummeln und auch wohl allein auf die Jagd nach wilden Enten und Gänsen gehen, und mit der erstaunlichen Geschicklichkeit und Treffsicherheit, die diesen Indianern angeboren zu sein scheint, brachte er manch Vöglein heim für die Küche meiner lieben Frau.

Zu jener Zeit ergriff die Indianer meiner Station und der Umgegend eine eigentümliche, religiöse Bewegung, eine Art Erweckung. Sie war der Erfolg der jahrzehntelangen, treuen Arbeit der Missionare. Die Gottesdienste und Betstunden wurden besser besucht, die innere Anteilnahme war lebendiger, viele kamen zu tiefer Sündenerkenntnis. Sogar auf die heidnischen Indianer in der Nachbarschaft dehnte sich die Bewegung aus. Eines Tages gelangte eine seltsame Botschaft an mich. Ein Trupp heidnischer Indianer, die bis dahin durchaus von dem Worte Gottes nichts hatte hören wollen, ließ mir sagen: „Wenn du uns ein ordentliches Gericht Kartoffeln kochst, wollen wir dafür drei Predigten anhören!" Auf was für Händel sich doch ein Missionar alles einlassen muß. In der Heimat wird man über das sonderbare Ansinnen lachen; aber ich hatte meine guten Gründe, auf die Bitte einzugehen, war es doch der erste Versuch dieses Indianerstammes, mit mir in Verbindung zu treten und mit der Mission Anknüpfung zu suchen. Sie kamen also und aßen ihre Kartoffeln, wobei sie sich übrigens ganz manierlich benahmen. Dann kamen die Predigten an die Reihe, sie ließen sie auch richtig alle drei würdevoll über sich ergehen, — allerdings mußte ich ihnen zwischendurch immer wieder ihre Pfeife stopfen, damit sie mich derweile gehörig einräuchern konnten. Die Indianer verabschiedeten sich dann sehr höflich, und meine Frau und ich sahen mit Befriedigung auf den Tag zurück. Knüpften sich auch nicht gleich Bekehrungen an diese erste Zusammenkunft, so war doch die Freundschaft geschlossen, und im Laufe der Jahre haben sich eine ganze Anzahl aus diesem Stamme für Christum entschieden.

Während dieser merkwürdigen Zeit kam auch Sandy zum Durchbruch. Es war bei einem Nachmittagsgottesdienst; ich hatte ernstlich von der Notwendigkeit gesprochen, sich noch heute und rückhaltlos dem Herrn hinzugeben und richtete zum Schluß die Frage an die andächtige Versammlung, ob sich denn keiner heute bekehren wolle. Da stand auch Sandy mit einigen andern, überwältigt von der Feierlichkeit des

Augenblickes, auf, kniete nieder und betete. Die ersten Worte klingen mir noch in den Ohren: O Tapa — jechekayan Kiss-awa-totawenan Gott, sei mir armen Sünder gnädig! Ich kniete an seiner Seite nieder und sprach ihm die köstlichen Verheißungen der heiligen Schrift in sein Ohr und Herz, und allmählich kehrte darin seliger Trost und Friede ein. Sandy hatte sich ganz dem Herrn hingegeben.

Von nun an war er ein neuer Mensch. Das Alte war vergangen, siehe, es war alles neu geworden. Mit welchem Eifer studierte er über seinen Büchern, und besonders die Bibel war ihm überaus teuer; stundenlang konnte er auf den Knieen liegen, in der aufgeschlagenen Bibel lesen und beten. Immer wieder erfüllte er unser stilles Haus mit seinen fröhlichen Gesängen, und fast täglich kam er mit nachdenklichen Fragen in meine Stube. Oft floß sein Herz von Dankbarkeit gegen Gott über, und er rief aus: „O Missionar, diese Worte sind meinem Herzen sehr süß."

Seitdem waren wieder Monate vergangen. Sandy war getauft und bereitete sich mit allem Ernste darauf vor, ein christlicher Lehrer für sein Volk zu werden. Er war nun über drei Jahre in unserm Hause und war uns lieb geworden wie ein eigen Kind. Da sollten wir noch die Freude haben, in unserm eigenen Hause Augen- und Ohrenzeugen seines ersten Missionsversuches unter seinen Landsleuten zu sein.

Seit einiger Zeit war Sandy in sich gekehrt und schweigsam; wir merkten, daß er etwas auf dem Herzen hatte. Da er nicht von selbst anfing zu reden, nahmen wir ihn eines Tages vor: „Sandy, was beschäftigt dich so?"

Sandy sah mich einen Augenblick fragend an, und da ihm meine Augen wohl Mut machten, fing er an zu erzählen: Es war ihm zu Ohren gekommen, daß eine große Schar seiner heidnischen Stammesgenossen als Bootsbesatzung der Pelzflotte der Hudson=Bai=Gesellschaft in der nächsten Zeit nach Norway=Haus kommen werde. Da wollte er sich ihnen so gern als Christen vorstellen und ihnen Mut machen sich auch dem Christentum anzuschließen. Aber er fürchtete, die Heiden würden ihn nicht zu Worte kommen oder nicht ausreden lassen, wenn er ihnen nicht ein ordentliches Mahl vorsetze. Und darum wagte er meine Frau nicht zu bitten.

Wir hörten ihn ruhig an, und da uns sein Plan einleuchtete und wir uns wirklich einen Erfolg davon versprachen, wenn Sandys heidnische Stammesgenossen von ihrem christlichen Landsmann bewirtet wurden, gingen wir mit Freuden darauf ein. Vorräte waren gerade in unserer Speisekammer; auch brachten uns die Jäger Wild in Fülle, so konnten wir schon eine ganze Gesellschaft hungriger Indianer satt machen. Sandy war überglücklich. So weit es seine Kräfte erlaubten, traf er selbst die Vorbereitungen zu dem festlichen Tage. Der Tisch wurde gedeckt, außer den Messern und Hornlöffeln sogar Gabeln herumgelegt, ein bei den Indianern noch unbekannter Luxus.

Die malerisch gekleideten Indianer kamen und ließen sich gern an der gedeckten Tafel nieder. Sandy sprach das Tischgebet und machte den Wirt. Alle bewunderten seine Geschicklichkeit und die Sicherheit seines Auftretens. Er bewegte sich unter ihnen wirklich wie ein Häuptlingssohn. Aber die Hauptsache kam zum Schluß. Als alle gesättigt waren, nahm Sandy das Wort und hielt an seine Landsleute eine lange, lange Predigt. Er erzählte ihnen von seiner unglücklichen Verletzung, von seiner Aufnahme im Missionshause, seiner Flucht, seiner Bekehrung und seiner Hoffnung, ein Lehrer unter seinem Volke zu werden. Zuerst war er noch etwas befangen. Aber bald war er ganz Herr der Situation. Er sprach mit einer Frische und Freudigkeit, mit einer Kraft und Salbung, daß meiner Frau und mir die Herzen übergingen vor Rührung und Freude. Was war doch durch Gottes Barmherzigkeit aus dem wilden Indianerjungen geworden! Seine Gnade an ihm war nicht vergeblich gewesen. Wir konnten es mit unsern eigenen Ohren hören, daß er geeignet war, Gottes Wort unter seinen Landsleuten zu verkündigen. Es war wirklich lehrreich, die Gesichter der Indianer während seiner Rede zu beob= achten; sie schienen ihm die Worte von den Lippen zu nehmen. Als er zu Ende war, bestürmten sie ihn mit Fragen nach diesem „neuen Wege", und Sandy mußte ihnen aus seiner Bibel eine Stelle nach der andern vorlesen. Als sie sich verabschiedeten, drückten sie alle nicht nur Sandy, sondern auch meiner Frau und mir dankbar die Hand — „wegen unserer großen Liebe und Güte gegen Ukemasis, („den kleinen Häuptling")," wie sie lächelnd Sandy nannten.

Nach fünfjährigem Aufenthalt in unserm Hause kehrte Sandy zu seinem Volke zurück. Er ist bis auf den heutigen Tag ein frommer, fleißiger Christ und ist die rechte Hand seines Missionars. Für viele seiner Landsleute ist er das gesegnete Werkzeug geworden, sie aus der Finsternis des Heidentums zum wahren Lichte zu führen. Wir aber rechnen es unter unsere „Hauptfreuden", daß wir das Werkzeug zu seiner Bekehrung sein durften.

Christliche Neujahrsfeier.

Seit undenklichen Zeiten sind die Indianer wegen ihrer vielen Feste bekannt. Einige derselben sind ganz harmlos und erinnern an jüdische Sitten, wie z. B. das Fest des Neumonds und das Fest der Erstlingsfrüchte; andere hingegen sind abscheulich, besonders das Hundefest, an welchem Hunde in rohester Weise in Stücke zerrissen wurden.

Fast alle diese Feste standen mit den heidnischen Anschauungen im Zusammenhang und galten als Mittel, auf die vielen bösen und guten Geister einen wirksamen Einfluß auszuüben. Die Mission hatte deshalb, als sie Boden bei diesen Stämmen gewann, kaum eine andere Wahl, als diese Feste samt den damit verbundenen Unsitten abzuschaffen. Da nun aber die Lust am Festefeiern den Indianern im Blute steckte, mußten die Missionare ihren Pfleglingen an Stelle der abgeschafften, heidnischen neue, christliche Feste geben. Das gelungenste unter diesen, dasjenige, welches sich am schnellsten einbürgerte, war das christliche Neujahrsfest.

Schon Monate vorher wurde mit den Vorbereitungen zu diesem Feste begonnen. Vor allen Dingen wurde ein großer Rat abgehalten, bei dem zuerst die Frage aufgeworfen wurde: „Sollen wir in diesem Jahre das große Fest wieder feiern?"

Dies wurde natürlich einstimmig bejaht. Die Beantwortung der zweiten Frage nahm schon mehr Zeit in Anspruch. „Was will jeder zu dem Feste beisteuern?" fragte der Vorsitzende, die Antworten würden einem Fremden allerdings etwas seltsam dünken.

„Ich bin einem Musetier¹) auf der Spur," rief Mamanowatum, „und gebe die Hälfte des Tieres und seine Nase."

Die Nase des Musetiers gilt als großer Leckerbissen, und das Fleisch soll das feinste Wildbret sein. Das Muse-

Eine Gruppe von Saulteaux-Indianern.

tier war zwar noch nicht erlegt, Mamanowatum war aber als vorzüglicher Jäger bekannt, und sein Anerbieten wurde darum mit großem Beifall angenommen.

„Ich habe eine Bärenhöhle entdeckt," sagte Soquatum, „und will einen halben Bären und die Tatzen liefern."

---

¹) Eine Art Elentier.

Auch dieses Versprechen erregte lebhafte Zustimmung; denn Bärentatzen sind für den Indianer eine leckere Speise.

Mustagan kannte einen großen Biberbau und versprach fünf Biber und zehn Biberschwänze. So stand ein Jäger nach dem andern auf und gab dem eifrig schreibenden Sekretär an, was er beisteuern wolle. Alles wurde genau in Silbenschrift aufgeschrieben, und kein Mensch stieß sich daran, daß das versprochene Wild meist noch in den Wäldern umherlief.

War das Fleisch des versprochenen Tiers nicht genießbar, der Pelz aber kostbar, so wurde dieser auf die Station gebracht, und im Laden der Hudson-Bai-Gesellschaft wurden die prachtvollen Nerz-, Ottern- und Hermelinfelle gern gegen Mehl, Thee, Zucker und Rosinen eingetauscht.

Es war nun dem Einzelnen nicht immer möglich, sein Versprechen buchstäblich zu erfüllen. Der eine lieferte vielleicht statt der versprochenen Biber ein großes Stück Renntierfleisch, das viermal so viel wert war als die Biber. Ein anderer hatte etwa ein paar Meerkatzen versprochen, die auch nicht zu verachten gewesen wären; auf der Suche nach diesen traf er aber unvermutet auf eine Höhle, in der ein paar fette Bären schliefen. Flugs machte er ihnen den Garaus und brachte ein mächtiges Stück Bärenfleisch ins Missionshaus. Mitunter war das Glück den Jägern auch einmal nicht hold, und sie mußten kleinere Gaben bringen, als sie gezeichnet hatten. Das war dann auch leicht zu verschmerzen, liefen ja doch immerhin noch genug Beiträge ein, um ein ausgiebiges Mahl zu bereiten. Und reichlich mußte es sein; denn die Indianer können eine gute Klinge schlagen.

Das erlegte Wild wurde im Missionshause den listigen Hunden sorgfältig aus dem Wege geräumt und im großen Fischhause aufbewahrt, wo es tüchtig ausfror und sich so bis zum Gebrauche hielt. Etwa acht Tage vor dem Feste machte sich die Missionarsfrau mit einigen verlässigen Indja-

nerinnen ans Braten und Kochen der verschiedenen Fleisch=
sorten, die von den Männern in passende Stücke zerteilt
wurden. Wie leuchteten die Augen der armen Indianer
in froher Erwartung beim Anblick all der leckeren Speisen,
und wie verlangend blickten sie nach den mächtigen Kuchen,
die aus Mehl, Zucker, Rosinen und Nierenfett gebacken
wurden.

Am Festtage selbst ging es schon vom frühen Morgen
an im Missionshause lebhaft zu. Willige Arbeiter entfernten
die Sitze aus der Kirche, und eingeborene Schreiner nagelten
Tische zusammen und stellten sie auf. Die beiden eisernen
Öfen strahlten eine wahrhaft tropische Hitze aus, die aber
nötig war, um die inzwischen wieder festgefrorenen Speisen
aufzutauen. Rührige Hände brachten die Riesenvorräte
herbei, die dann gerade zum Festmahle, das gewöhnlich um
ein Uhr begann, genießbar wurden.

In bunten Haufen kamen die fröhlichen Gäste herbei;
die Häuptlinge ließen sich vom Missionar Weisung geben
und sorgten für Ordnung. Festlich gekleidete Frauen deckten
unter der Leitung der Missionarsfrau die Tische mit Blechtellern
und Bechern, die aus den Dörfern herbeigebracht worden
waren. Wie hätte man sonst auch die zwölf= bis fünfzehn=
hundert Gäste bewirten können! In mächtigen Kesseln wurde
Thee gebraut und auf Bratpfannen oder Herdplatten dünne
Kuchen aus Wasser, Mehl und Salz gebacken.

Während im Hause emsig gearbeitet wurde, ergötzte sich
die Menge draußen an munteren Spielen. Die Tobogan=
Schlitten der Schulknaben flogen da und dorthin; auf dem
festgefrorenen See waren allerhand Spiele im Gange, oder
geübte Schlittschuhläufer gaben der schaulustigen Menge
ihre Kunst zum besten. Keines vergaß aber über dem
munteren Treiben, weshalb man eigentlich hier versammelt

war, und jedes erwartete mit Sehnsucht den Ton der Glocke, der zum Festmahl rief.

Etwa um Frühstückszeit trat eine kurze Pause in den Vorbereitungen ein. Der Häuptling erbat sich Papier und Bleistift vom Missionar, ging mit einem Ältesten in die Kirche, stellte sich dort auf eine Bank und gebot den rührigen Arbeitern Stille.

„Gebt mir die Namen derer an, die zu alt oder zu krank sind, um an unserm heutigen Feste teilnehmen zu können!" rief er mit lauter Stimme.

Nachdem jeder Name gewissenhaft aufgeschrieben war, rief er noch einmal:

„Ist auch wirklich niemand an unserm Festtage vergessen worden?"

„O doch, die alte Frau, die sechs Meilen von hier entfernt in ihrem Wigwam liegt und sich nicht rühren kann," antwortete einer.

„Die heidnischen Indianer, die von der Insel in der Nähe des Dorfes York zu unserm Feste kamen, haben mir erzählt, daß sie zwei Kranke in ihren Wigwams zurückgelassen haben," berichtete ein anderer. „Im selben Dorf soll auch ein kleines Mädchen mit einem gebrochenen Beine liegen."

„Gut. Schreibt die Namen alle auf," gebot der Häuptling. „Ich lese nun die Liste noch einmal vor und ermahne euch, wohl zu überlegen, ob wir auch niemand übersehen haben. Es wäre doch eine Schande, wenn wir hier herrlich und in Freuden lebten und darüber unsere Armen und Kranken vergäßen."

Nein, es wurde keiner vergessen, ja selbst der Kranken der heidnischen Indianer wurde gedacht, die zum Feste gekommen waren und stets herzlich willkommen geheißen wurden. Hierauf machte der Häuptling mit einigen Gehilfen für jeden dieser Kranken ein umfangreiches Paket mit

Lebensmitteln für mehrere Tage zurecht, und die flinksten Burschen wurden herbeigerufen.

„Bring dieses Paket zu Ukuminan, die sechs Meilen von hier krank zu Bett liegt," wurde dem einen aufgetragen, „und sage ihr, wie leid es uns allen thut, daß sie zu schwach ist, um zum Feste zu kommen. Wir lassen sie herzlich grüßen und ihr guten Appetit wünschen."

Mit einem prüfenden Blick auf die Riemen seiner Pelzschuhe und seine mit Perlen verzierten Strumpfbänder zog der Beauftragte seinen Gürtel strammer und flog dann pfeilgeschwind davon, um einer alten Großmutter seines Stammes die Festgabe zu bringen. Früher, ehe das Volk das Evangelium angenommen hatte, wäre die arme Alte sicher längst getötet worden; jetzt aber wurde sie so geliebt und verehrt, daß der junge Bote gern zwölf Meilen zurücklegte, um ihr eine Freude zu machen. Es ist auch keine Gefahr vorhanden, daß er zu spät zum Feste komme; die frohe Erwartung scheint ihm Flügel zu geben. Überdies ist er ja ein Christ und rechnet es sich darum zur besonderen Ehre an, der alten, schwachen Ukuminan eine so schöne Gabe bringen und ihr die Grüße der Festteilnehmer ausrichten zu dürfen.

Auch die anderen ausgeschickten Liebesboten machten sich hurtig auf den Weg, die meisten vertrauen sich lediglich ihren flinken Füßen an; einige, die mehrere Pakete abzugeben haben, besteigen ihre Hundeschlitten. Mögen sie nun zu Fuß oder im Schlitten sich ihres Auftrags entledigt haben: sie waren alle bald wieder zurück.

Nun ging das Festessen an. Zuerst wurden den Alten Plätze an den reich beladenen Tischen angewiesen. Eine Zeitlang war es Sitte, daß in der Mitte des Saales eine Ehrentafel gedeckt war, an welcher außer dem Missionar die Beamten der Hudson-Bai-Gesellschaft mit ihren Familien und deren Freunde Platz nahmen, die sich etwa in der Nachbarschaft aufhielten; auch die Häuptlinge wurden zu ihrer nicht geringen Befriedigung an diesen Tisch herangezogen. Vor dem Mahle sangen alle Anwesenden das in ihre Sprache übersetzte Tischgebet: Komm, Herr Jesu, sei unser Gast und segne, was du uns bescheret hast!

Hatten die Alten ihren Hunger gestillt, so wurden die Tische aufs neue zum Empfang der nächsten Abteilung gerüstet und so fort, bis schließlich alle zu ihrem Rechte gekommen waren. Manche erschienen sogar zum zweiten Male, um „eine entdeckte Lücke in ihrem Magen auszufüllen," wie sie sagten. Welch herrlichen Appetit hatten sie alle! und wie ungetrübt gaben sie sich ihrer Freude hin! Die glücklichen Leute haben bis jetzt noch keine Ahnung von Magenbeschwerden, schlaflosen Nächten und dergleichen. Ihre Mägen sind so gesund, daß sie ungestraft die fettesten Gerichte massenweise vertilgen können. Das Neujahrsfest war für sie der glücklichste Tag im Jahre, ja manche richteten sich sogar in ihrer Zeitberechnung nur nach diesem Feste und sagten: so und so viele Monate nach dem Feste geschah dies oder das, oder in diesem oder jenem Monat vor dem nächsten Feste will ich das Betreffende thun.

Es wurde nicht eher aufgehört zu essen, bis auch das letzte Stück Fleisch verzehrt war, und darüber brach meist die Nacht herein. Rasch wurden dann die Tische abgeschlagen, der Saal gekehrt, die Kirchenbänke hereingetragen, die Öllampen angezündet, und hierauf begann sozusagen die geistige Seite des Festes. Bei dieser Gelegenheit war Mamanovatum jahrelang Vorsitzender, und er eignete sich auch vortrefflich dazu. Nicht nur überragte er seine Stammesgenossen an Körperlänge, sondern er hatte auch in seinem ganzen Auftreten etwas so Bestimmtes und Gemessenes, daß er allgemein geachtet wurde. Man mußte beinahe lachen, wenn man sah, wie zögernd sich der baumlange Riese von seinem Sitze erhob, und ohne triftigen Grund that er dies auch nicht; wenn er aber redete, so hatte, was er sagte, auch immer Hand und Fuß.

Die Versammlung wurde mit einer kurzen Andacht eröffnet. Dann hielt Mamanovatum eine kurze, kernige Ansprache, in welcher er eindringlich zur Dankbarkeit gegen Gott für die Segnungen des Jahres ermahnte. Dann gab er verschiedenen seiner indianischen Brüder das Wort, und einige sprachen recht gut. Im ganzen hat das Indianervolk wenig Sinn für Humor; aber an diesem Abend machte jeder Redner wenigstens den Versuch, seine Zuhörer zum Lachen zu bringen. Mochte aber ein noch so fröhliches Lachen diese oder jene Rede würzen, etwas Ungebührliches kam nie vor, und jede Ansprache klang in Lob und Dank gegen Gott aus. Wenn man die Leute reden hörte, mußte man den Eindruck gewinnen, daß die armen Indianer das reichgesegnetste Volk der Erde seien, daß es nirgends anderswo ein Fest mit so vorzüglichem Wildbret, solch fettem Bärenfleisch, und so starkem, süßem Thee gebe, und als ob kein anderes Volk solch liebevolle Missionare habe. Es war als ob das Lied: „Nun danket alle Gott" ihre innersten Gefühle zum Ausdruck brachte.

Dieser Abend gehörte in ganz besonderer Weise den Stammesgenossen, und es war Sitte, daß die Weißen, auch die Missionare, sich im Hintergrunde hielten.

Um zehn Uhr wurde das Schlußlied gesungen, ein Indianer sprach den Segen, und so endete der köstliche Festtag. Jahre sind vergangen, seit wir diese Feste mit den glücklichen Kris gefeiert haben, doch zähle ich sie noch heute zu den schönsten Erinnerungen in meiner Missionsthätigkeit.

Der ehrliche Indianer.

Es war gerade wieder einmal große Ebbe in unserer Vorratskammer, alles außer dem unvermeidlichen Weißfisch war aufgezehrt, und wir sehnten uns recht nach einer Abwechselung in unserer einförmigen Nahrung. Da kam an einem kalten Wintertage ein Indianer-Jäger ohne anzuklopfen in unsere Küche. Mit großer Freude sahen wir, wie er eine große Last von seinem Rücken abschnallte und einen Riesen-Wildschlegel auf den Tisch legte.

„Was bin ich Euch dafür schuldig?" fragte ich, nachdem ich ihn freundlich willkommen geheißen hatte.

„Nichts; denn er gehört Ihnen," lautete die kurze Antwort.

„Das muß ein Irrtum sein," wandte ich ein; „ich kann mich nicht erinnern, Euch je zuvor gesehen zu haben."

„Ich sage aber, daß es Ihnen gehört, und daß ich nichts dafür haben will," beharrte der Jäger.

„Ihr müßt aber dennoch eine Entschädigung annehmen," versetzte ich. „Eure Beute kommt uns sehr gelegen, da unsere Vorräte auf die Neige gehen; aber wir haben uns zum Grundsatze gemacht, jeden Indianer, der uns Waren bringt, bar zu bezahlen."

Wir hatten diesen Entschluß erst kürzlich gefaßt nach mancherlei Erfahrungen, die uns teuer zu stehen gekommen waren. Die Indianer bilden sich nämlich ein, daß die Missionare sehr reich sind und über unbegrenzte Mittel verfügen. Darum meinen sie, daß sie recht gut in der Lage

seien, für kleine Geschenke große Gegengeschenke zu machen. So war es z. B. vorgekommen, daß uns ein Indianer mit großer Höflichkeit einige Kaninchen und ein paar Enten zum Geschenke brachte und dann mit seiner Frau und einigen Kindern im Missionshause zum Mittagessen blieb, wo die ungebetenen Gäste natürlich den größten Teil ihres Geschenkes selbst verzehrten. Merkwürdigerweise verlangten die Indianer ganz vernünftige Preise für die Dinge, die wir brauchten, wenn wir sie von ihnen kauften. Sobald wir aber ein Geschenk annahmen, erwarteten sie von uns das Doppelte und Dreifache von dem, was die Gabe wert war. Wenn das so fortgegangen wäre, hätten wir bald nichts mehr im Hause gehabt. Wir beschlossen darum, nichts mehr von den Indianern anzunehmen, ohne sofort einen vorher ausgemachten Preis zu bezahlen. Als der gute Indianer nun mit aller Entschiedenheit darauf bestand, uns den Wildschlegel ohne Bezahlung abzutreten, fürchtete ich nicht ohne Grund, daß dieses große Geschenk uns möglicherweise an den Bettelstab bringen würde; ich sagte darum nochmals: „Ich möchte den Schlegel unter allen Umständen bezahlen."

„Nein, nein," rief mein Gast erregt; „ich nehme keinen Pfennig; denn der Schlegel gehört Ihnen."

„Aber wieso denn?" fragte ich in großer Verlegenheit.

Hierauf gab mir der Indianer eine Erklärung, die mich tief bewegte und auch auf jeden Leser ihren Eindruck nicht verfehlen wird.

Er fing an zu fragen:

„Waren Sie vorigen Winter mit Ihrem Führer und dem Hundeschlitten in der Gegend des Burntwood=Flusses?"

„Ja," antwortete ich.

„Sind Sie nicht damals von einem entsetzlichen Schneesturm überrascht worden, so daß Sie kaum Ihre Reise fortsetzen konnten?"

„Ganz richtig," erwiderte ich; ich entsann mich noch ganz gut, in welch peinlicher Lage wir uns damals befunden hatten.

„Haben Sie damals nicht einen Teil Ihres schweren Gepäcks und unter anderm auch ein großes Stück Pemmikan zurückgelassen, um die Last der Hunde zu erleichtern?"

„Ja," antwortete ich.

Ich unternahm damals eine mehrere hundert Meilen weite Reise, um einigen Indianern, die noch ganz im Heidentum waren, das Evangelium zu bringen. Ich reiste mit sechzehn Hunden und vier indianischen Begleitern, und nirgends war auch nur die geringste Spur von einem Wege zu entdecken. Wenn Jäger, Handelsleute oder Missionare dort schnell vorwärts kommen wollen, so müssen sie immer vor ihrem Zuge einen kundigen Indianer herschicken, der mit seinen langen Schneeschuhen den Weg für die Nachkommenden bahnt. Wer die Geschicklichkeit und Ausdauer dieser Führer nicht mit eigenen Augen gesehen hat, kann sich keinen Begriff davon machen. Oft ist die Gegend ganze Tagereisen weit ununterbrochen einförmig. Ist dann noch obendrein der Himmel mit dichten, bleigrauen Wolken bedeckt, so verliert der Weiße unfehlbar jeden Anhaltspunkt und weiß schließlich nicht mehr, was Süden und Norden, Osten und Westen ist; der indianische Führer geht hingegen furchtlos weiter, ohne nur im geringsten von der rechten Richtung abzukommen.

Als wir damals so schnell als möglich vorwärts strebten, überraschte uns ein entsetzlicher Schneesturm, so daß wir unfehlbar mit unsern schwerbeladenen Schlitten stecken geblieben wären, wenn wir uns nicht entschlossen hätten, einen Teil unsers Gepäcks zurückzulassen. Wir banden die schwersten Gegenstände in große Leintücher; meine Leute bogen schlanke Bäume nieder, befestigten die Bündel an den Spitzen der-

selben und ließen sie dann in die Höhe schnellen. Auf
diese Weise war unsere Habe besser verwahrt, als wenn wir
dazu große Bäume benutzt hätten, an denen die wilden
Tiere leicht hinaufklettern könnten, um zu unsern Vorräten
zu gelangen.

Nach vielen Beschwerden gelangten wir an unser Ziel,
wo wir von den Indianern freundlich empfangen wurden.
Es zeigte sich bei ihnen ein wahrer Hunger nach dem
großen Buche. Der Glaube ihrer Väter hatte ihnen
seit langer Zeit nicht mehr genügt, und ihr Vertrauen zu
den alten Beschwörern war wankend geworden. Darum
lauschten sie nun mit gespanntester Aufmerksamkeit unserer
Verkündigung des Wortes Gottes.

Unterdessen fegten die entsetzlichsten Schneestürme über
das ausgedehnte, nördliche Gebiet hin, so daß wir auf
unserer Heimreise kaum mehr eine Spur von dem Wege
entdeckten, den wir vor kurzer Zeit mit unsern Schlitten
und Schneeschuhen gebahnt hatten. Dank der Tüchtigkeit
meines Führers und der Klugheit meiner Hunde benutzten
wir trotzdem wieder fast genau denselben Weg, obwohl das
alte Geleis tief unter dem aufgehäuften Schnee lag.

Wie froh waren wir, als wir endlich auch auf unser
zurückgelassenes Gepäck stießen, zumal unsere Vorräte in den
letzten Tagen sehr zusammengeschmolzen waren. Flugs bogen
meine kräftigen Gefährten die schlanken Bäume nieder, be=
freiten sie von ihrer Last und verteilten dann die Bündel
auf die verschiedenen Schlitten. Zu meiner Verwunderung
merkte ich, daß sich über einem der Bündel, das fünfzig
bis sechzig Pfund Pemmikan enthalten hatte, ein lebhaftes
Gespräch unter meinen Reisegefährten entspann. Auf meine
Frage sagten sie mir, jemand habe während unserer Ab=
wesenheit ein Stück von dem Fleische abgeschnitten.

„Das ist gewiß ein Irrtum," entgegnete ich. „So viel ich sehe, ist das Stück noch gerade so, wie wir es zurückgelassen haben, und wir haben doch auch nirgends Fußspuren gesehen."

Trotz meiner Einwände hielten meine Gefährten an ihrer Behauptung fest und beruhigten sich erst etwas, als unsere Mahlzeit fertig gekocht war.

Seitdem waren mehrere Monate verstrichen, und nun stand da der Indianer mit seinem Wildschlegel in unserer Küche und hub an zu erzählen:

„Ich hatte in den Wäldern gejagt, durch die Sie auf Ihrer Reise gekommen sind, und verfolgte lange die Spur eines Musetiers, ohne daß ich desselben habhaft werden konnte. Überhaupt hatte ich bei dem Jagdzuge kein Glück. Nachdem ich tagelang nichts geschossen hatte und sehr hungrig war, bemerkte ich eines Tages Ihr Gepäck hoch oben auf den Bäumen. Da ich sah, daß es dem Missionar, dem Freunde der Indianer, gehörte, freute ich mich und dachte bei mir: „Wenn der Missionar wüßte, wie hungrig ich bin, würde er sicherlich sagen: Nehmt von meinem Vorrat, so viel Ihr wollt!" Und das that ich auch. Ich nahm ein Bündel von dem Baume und schnitt mir ein ordentliches Stück Pemmikan ab, gerade so viel, als ich brauchte, um noch den weiten Weg zu meinem fernen Wigwam zurückzulegen. Dann befestigte ich das Paket wieder auf dem Baume und ließ diesen emporschnellen. Heute bringe ich Ihnen nun diesen Wildschlegel als Ersatz für den Pemmikan, den ich Ihnen damals genommen habe."

So hatte der ehrliche Mensch die sechzig Meilen Wegs nicht gescheut, um seine Schuld abzutragen!

Ich war gerührt und sprach ihm in herzlichen Worten meine Freude über seine Ehrlichkeit aus; ich fragte ihn dann aber auch, woher er denn gewußt habe, daß die Bündel dem Missionar gehörten und nicht etwa einer Gesellschaft indianischer Jäger.

„O, ich habe die Spur Ihrer Schuhe im Schnee gesehen," entgegnete er ohne Zögern.

„Unmöglich!" warf ich ein. „Unsere ganze Gesellschaft trägt die gleichen Schneeschuhe, die mein indianischer Diener Sandy alle nach demselben Muster gemacht hat."

„Das kann schon sein," meinte der Indianer mit schelmischem Lächeln; „aber ich kann doch überall Ihre Fußspuren entdecken, weil alle Weißen mit ausgestreckten Fußzehen gehen, während wir Indianer die Zehen einziehen."

Ich hatte meine herzliche Freude an dem ehrlichen Menschen, der dank der treuen Unterweisung eines andern Missionars die Lehren der Bergpredigt so gründlich verstanden hatte. Wären doch alle Christen so ehrlich, wie diese alte Rothaut!

Fünf Indianer und ein Taschenmesser.

Die Indianerknaben haben eine große Vorliebe für Taschenmesser. Von klein auf werden sie von ihren Vätern angehalten, ihre Pfeile und Bogen, die Ruder für ihre Birkenkähne und ihre Schneeschuhe selbst zu schnitzen; dabei leistet ihnen natürlich ein gutes Taschenmesser gute Dienste; denn je besser das Messer, desto leichter das Schnitzen. Kein Wunder darum, daß es der größte Stolz eines Indianerknaben ist, das beste Taschenmesser zu besitzen, gerade wie ältere Indianer die höchsten Preise für die besten Gewehre bezahlen. Merkwürdigerweise mußte ich diese Vorliebe der Knaben für Taschenmesser einmal benutzen, um sie zum Singen zu bringen. Das ging so zu:

Ich hatte eine blühende Schule in einem Indianerdorfe zu besuchen. Eine Missionslehrerin leitete dieselbe. Die Prüfung ging sonst ganz gut, nur mit dem Singen hatte es eine eigene Bewandtnis.

„Ich wollte, Sie könnten unsere Knaben zum Singen bringen;" klagte die Lehrerin, „sie haben ganz gute Stimmen, aber sie schämen sich, und wenn einmal einer sich zum Singen herbeiläßt, so lachen ihn die andern so sehr aus, daß er nicht mehr dazu zu bringen ist, seinen Mund aufzuthun."

Da mußte ich natürlich Rat schaffen. Solch eine Schulvisitation auf einer abgelegenen Außenstation ist allemal ein großes Ereignis, welches mit einem Fest gefeiert werden muß. Ich hatte mich darauf eingerichtet, meine

Frau hatte mir Mehl, Thee, Zucker, Rosinen und allerlei Zuckerwerk eingepackt. Schon um vier Uhr morgens waren die indianischen Frauen an der Arbeit, backten Kuchen und trafen die sonstigen Vorbereitungen.

Gegen zehn Uhr versammelten sich die Christen vor der Kirche am Ufer des Flusses; es kamen auch viele Heiden mit, und wir hießen alle herzlich willkommen. Es würde mich jetzt zu weit führen, wenn ich das Fest näher beschreiben wollte; ich will nur bemerken, daß, nachdem man den leckern Speisen tapfer zugesprochen hatte, auch der religiöse Teil des Festes zu seinem vollen Rechte kam. Um vier Uhr versammelte ich die Kinder nochmals um mich in der Schule, und sie beantworteten zu meiner großen Freude alle meine Fragen frisch und wußten besonders im Worte Gottes recht gut Bescheid. Die Mädchen sangen auch recht nett, die Knaben aber verstummten. Jetzt kam es also darauf an, ob ich imstande sein würde, ihren Mund zu öffnen.

Ich holte aus einer meiner Kisten sechs gute Taschen= messer hervor und sagte: „Hört, Jungens, wie ihr seht, habe ich hier sechs schöne Messer; ich will sie den sechs Knaben schenken, die am schönsten singen. Fünf Messer haben je zwei Klingen und eines hat vier Klingen; wer nun von den sechs Knaben am allerbesten singt, der soll das Messer mit den vier Klingen haben."

Da kam mit einem Male Leben unter die Knaben, und fast alle stürzten vor, um sich an dem Wettsingen zu be= teiligen. Die Lehrerin setzte sich ans Harmonium, und bald erklangen unsere lieben, alten Lieder, die man den Indianern in ihre Sprache übersetzt hat, weil sie selbst gar keine brauch= baren Gesänge haben.

Es dauerte nicht lange, so waren die schlechten Sänger ausgemustert und auf ihre Plätze zurückgeschickt. Schwieriger wurde die Wahl, als die Bewerber auf zehn zusammen=

Um ein Taschenmesser.

geschmolzen waren. Und als gar der beste Sänger aus den sechs Knaben herausgefunden werden sollte, waren selbst wir Preisrichter verschiedener Meinung und konnten auch dann noch zu keinem Entschluß kommen, als wir jeden Einzelnen mehrmals hatten allein singen lassen.

Da halfen uns die Knaben selbst aus der Verlegenheit. Fünf derselben waren hübsche, kräftige Burschen, während der sechste ein Krüppel war und nur an Krücken gehen konnte. Die fünf gesunden hatten nun untereinander beraten, und plötzlich trat einer von ihnen vor und fragte:

„Darf ich etwas sagen, Missionar?"

„Gewiß, mein Junge," entgegnete ich.

„Sehen Sie, Missionar," begann er, „wir fünf sind gesund und stark; wir können Kaninchen, Rebhühner und anderes Wild jagen und im Winter Schlittschuh laufen, so viel wir wollen. Das alles kann Jimmie mit seinem kranken Beine nicht; aber weil er so geschickt im Schnitzen ist, braucht er notwendiger als wir ein recht gutes Messer. Wir haben nun miteinander überlegt und möchten Sie bitten, das beste Messer dem Jimmie zu geben, weil er ein Krüppel ist."

Die edlen Jungen! Alle Anwesenden bekundeten laut ihren Beifall, mir aber kamen vor Freude die Thränen in die Augen. Es war ja noch nicht lange her, daß bei diesen Indianern jeder nur an sich dachte, und daß man die Schwachen und Unglücklichen vernachlässigte und verkommen ließ. Nun offenbarte sich selbst an diesen Kindern, welch veredelnden Einfluß der Geist Christi auf die Menschen ausübte.

Ich gab Jimmie das vierklingige Messer und den andern die zweiklingigen, konnte mir aber in meiner Freude nicht versagen, jedem noch ein Hemd oder eine Jacke beizufügen.

Die Masern.

Wir waren nach dem Berens=Flusse übergesiedelt und hatten dort unser Missionsgehöft aufgebaut. Das erforderliche Bauholz hatten wir mit großer Mühe von einer dichtbewaldeten Insel mitten im Flusse auf unsern Hunde= schlitten herbeigeschafft. Ich war eben von einer weiten Amtsreise nach Red=River zurückgekehrt, und da wir gerade vorzügliche Schlittenhunde besaßen, hatte ich eine ordentliche Ladung Lebensmittel mitbringen können, die uns wenigstens ein paar Wochen von dem trostlosen Weißfisch befreien sollte. Unsere Speisekammer bot einen Anblick dar, der das Herz meiner Frau lachen machte: 250 Pfund Rind= und Hammelfleisch, lange Reihen von Konservenbüchsen, ein großer Sack Reis, Weizenmehl und anderes mehr stand da in erfreulichem Reichtum; es war eine Warenladung von fast 6 Centnern gewesen. Aber wenn wir gehofft hatten, von diesen Vorräten viel auf unsern Tisch zu bekommen, so hatten wir uns doch geirrt!

Es waren Händler ins Land gekommen, die eben im Krankenhause an den Masern gelegen hatten. Sie waren zwar als geheilt entlassen, aber die Krankheitskeime müssen ihnen noch angeklebt haben. Kurz, als sie so von Wigwam zu Wigwam wanderten, entstanden überall die Masern, und es brach eine furchtbare Epidemie aus. Es ist ja bekannt, daß Masern, Scharlach und ähnliche Krankheiten unter den

Naturvölkern große Verheerungen anrichten. Ein Wigwam nach dem andern, ein Indianer=Stamm nach dem andern wurde ergriffen. Der Schrecken war um so größer, als die Masern damals im Lande noch unbekannt waren. Die Indianer waren wie wild, wenn die Fieberhitze in ihren Gliedern anstieg, sie sprangen von ihren warmen Felllagern auf, liefen in den nahen Wald und wälzten sich in dem kalten Schnee. Natürlich hatte diese gewaltsame Abkühlung verhängnisvolle Folgen, und einer nach dem andern starb. Die heidnischen Indianer jenseits des Berens=Flusses, unter denen eine große Anzahl gestorben war, beschlossen die Toten unbeerdigt zu lassen und auszuwandern. Sie schickten zu mir Botschaft: über den Fluß, wenn ich wolle, daß nicht die Wölfe ihre Toten fräßen, möchte ich selbst kommen und sie bestatten. Ich packte Bretter und Säge, Nägel und Hammer auf meinen Schlitten und fuhr mit einigen zuverlässigen Indianern hinüber. Die meisten Wigwams waren schon abgebrochen, die Toten lagen im Schnee umher. Ich bewog einen Indianer, mir den Platz seines Wigwams einzuräumen. Sein Zelt stand noch, und auf dem Herde prasselte das Feuer, darunter war die Erde weich und nicht so hart ge= froren wie rings umher. Wir rissen den Wigwam ab, räumten die Feuerstelle ab und gruben ein großes, tiefes Grab, geräumig genug, um alle Leichname aufzunehmen. Dann machten wir aus unsern Brettern höchst einfache Särge, legten die Toten hinein und begruben sie in die kalte Erde. Nach einem kurzen Gottesdienst mußten wir nach Hause eilen; denn der Abend brach schon herein.

Für die heidnischen Indianer konnten wir nicht mehr thun als ihre Toten begraben. Um so mehr waren die christlichen Indianer diesseits des Berens=Flusses ganz auf uns angewiesen. Wir richteten alle Räume unsers kaum fertigen Missionsgehöftes, die wir entbehren konnten, zu einem Lazarett ein und nahmen alle masernkranken Christen in unsre Pflege. Sogar das große Büffelfellzelt wurde aufgeschlagen, um ein halbes Dutzend Patienten aufzunehmen. Da brach eine geschäftige Zeit für uns an. Jeden Morgen wurde auf dem Herd ein lustiges Feuer angezündet und ein Kessel mit Wasser darauf gesetzt. Dahinein wurden ein paar Pfund von unserm schönen Rind- und Hammelfleisch gethan; wenn dieses kochte, schüttete meine Frau noch ein Pfund Reis hinein, und ließ diese Mischung so lange kochen, bis es eine kräftige, nahrhafte Suppe war. Dazu wurden Brot und Semmeln gebacken. Nun ging ich von Zimmer zu Zimmer, von Bett zu Bett, um nach jedem Patienten zu sehen, seine Anliegen zu hören und ihm Medizin zu reichen. Hinter mir her kam meine Frau mit ihrem Suppenkessel, mit Brot und Semmeln und maß jedem seine Portion zu. Eine Kleinigkeit war es wahrlich nicht, weder für meine Frau, sie alle zu speisen, noch für mich, für alle Arzt, Seelsorger, Vater und Berater zugleich zu sein. Und doch war es eine schöne Zeit; denn in den langen, stillen Nachmittagsstunden konnten wir uns bald an dieses, bald an jenes Bett setzen, aus der Bibel vorlesen, fromme Lieder singen, die Traurigen trösten und die Schwankenden befestigen. Wir hatten die Genugthuung, daß von den Kranken unter unserer unmittelbaren Obhut keiner starb; selbst die verzweifeltsten Fälle nahmen schließlich eine Wendung zur Besserung, und endlich konnten alle als geheilt entlassen werden.

Als der letzte Patient unser Gehöft verlassen hatte, nahmen wir Inventur von unsern Vorräten auf. Von den schönen Fleischstücken war nichts mehr übrig geblieben, die Reis- und Mehlsäcke waren leer; nicht nur der Extravorrat von beinahe sechs Centnern, den ich vom Red-River

mitgebracht hatte, sondern auch unser eigentlicher Winter=
vorrat war zum größten Teile aufgezehrt. Wir mußten
froh sein, wenn wir für den Rest des Winters unsern
Hunger mit Weißfisch stillen konnten. Aber dafür hatten
wir uns einen Platz in dem Vertrauen und der Liebe
unserer Indianer erobert, der mehr wert war als diese vor=
züglichen Vorräte.

Ein Kampf um die Sonntagsheiligung.

Wenn die Heiden zuerst unter den Schall der christlichen Lehre kommen, haben sie viel Neues und in ihren Ohren Unerhörtes zu lernen. Zu diesen neuen und schweren Dingen gehörte für die Indianer im Hudson-Bai-Gebiete der Sonntag. Es war eine in ihrem Heidentume gänzlich unbekannte Einrichtung. Als sie zuerst davon hörten, waren sie sehr ängstlich und besorgt. Sie waren so arm und ihre Hilfsquellen so wenig ergiebig, daß sie meinten, den siebenten Tag nicht entbehren zu können. Wenn sie alle sieben Tage fischten und jagten, hatten sie oft kaum Lebensmittel genug, um sich zu sättigen; würden sie nicht dem Hungertode nahe kommen, wenn sie an jedem siebenten Tage ihre Flinten in den Winkel stellten und ihre Fischnetze im Winde flattern ließen? Aber diese anfängliche Befürchtung ließ sich bei den christlichen Indianern überwinden. Die Missionare lehrten sie, daß der Sabbath in Gottes Wort angeordnet sei, und so viele unter ihnen lesen lernten, konnten sich selbst davon überzeugen, daß dem treuen Bewahrer des Sabbathgebotes große Verheißungen gegeben seien. So wagten es die christlichen Indianer und fingen an ernstlich den Feiertag zu heiligen. Aber siehe, da erhob sich ein Widerstand gegen die christliche Sonntagsordnung von einer Seite, von der man es zunächst nicht hätte erwarten sollen, von der Hudson-Bai-Handelsgesellschaft und ihren „christlichen" Direktoren in London.

Wir müssen ein Wort der Erklärung vorausschicken, um die Stellungnahme der Hudson=Bai=Gesellschaft wenigstens verständlich zu machen. Das ganze, unendlich weite Gebiet, welches das „britische Nordamerika" bildet, gehörte mit Aus= nahme des verhältnismäßig kleinen Gebietes Kanada dieser Hudson=Bai=Gesellschaft, die aus einer großen Pelzhandels= gesellschaft herausgewachsen war und dem Reichtum ihres Gebietes an kostbarem Rauchwerk ihre unermeßlichen Reich= tümer verdankte. Nun war aber der geschäftliche Verkehr in diesen unermeßlich weiten, öden Gebieten vor der Er= schließung der großen Ströme für die Dampfschiffahrt mit großen Hindernissen verknüpft. Es dauerte oft sieben Jahre und selbst länger, ehe für die von London abgesandten Güter der Preis in Gestalt der kostbaren Pelze auf dem Londoner Markte einlief.

Die Fahrzeuge der Gesellschaft landeten in der York= Faktorei an der Hudson=Bai. Dort wurden die Güter von indianischen Ruderern, den sogenannten Trippern in starke Boote zu je achtzig bis hundert Centner geladen. Eine be= stimmte Anzahl dieser Boote bildete eine „Brigade". Ein Kapitän wurde zum Führer derselben ernannt und eine stramme Disciplin aufrecht erhalten. Die erste Brigade hatte die Güter stromaufwärts bis Norway=Haus zu be= fördern. Das war aber kein leichtes Unternehmen. Es war große Sorgfalt und Achtsamkeit erforderlich, und doch ging noch manches von den Gütern verloren; manchmal litten Boote Schiffbruch, und es kostete selbst Menschenleben. Am schlimmsten waren die Tragestellen, die sogenannten Portagen (engl. portage, spr. portitsch). Manche Flüsse sind voll von Wasserfällen und Stromschnellen, die für die Boote unbe= fahrbar sind. Da müssen Portagen eingerichtet werden. Die Bootsleute rudern so nahe an die Wasserfälle heran, als es ohne Gefahr geschehen kann, laden dann ihre Güter aus

An einer Portage.

und tragen sie auf ihren Schultern nach dem bestimmten Platze jenseits der Hindernisse. Dann werden die Boote ans Land gezogen und mit den vereinigten Kräften aller Bootsmannschaften über Land nach demselben Orte geschleppt. Dort wird alles wieder in Ordnung gebracht, und dann kann die Reise fortgesetzt werden. Auf manchen dieser Bootsreisen giebt es zwanzig oder vierzig solcher Portagen. Große Seen müssen durchkreuzt werden, wo zu Zeiten schwere Stürme toben, und wo die widrigen Winde oft mit solcher Wut wehen, daß die Brigaden bisweilen viele Tage aufgehalten werden.

Norway-Haus war lange Jahre hindurch das große nördliche Depot für die Güter der Gesellschaft, das Verteilungscentrum für das fernere Inland. Hier tauschte die erste Brigade ihre Güterladung gegen die reichen Pelzballen einer andern Brigade ein, die weiter aus dem Innern, etwa von Athabaska oder dem Saskatschewan-Lande gekommen war. Dann kehrte diese zweite Brigade hunderte von Meilen weit nach dem Innern zurück und traf dort etwa mit einer dritten Brigade zusammen, die aus noch entlegeneren, weltferneren Gegenden herkam. So ging es weiter, bis die englischen Waren zum Teil 3000 Meilen weit von dem Seehafen, wo sie gelandet wurden, befördert, und die verschiedenen Handelsposten mit ihren Tauschgütern zum Handel mit den Pelzjägern versehen waren. Es vergingen Jahre, ehe die Güter den Ort ihrer Bestimmung erreichten, und ebenso Jahre, ehe die Pelze im englischen Schiffe verladen werden konnten.

Alle diese schwere Bootsarbeit wurde von indianischen Ruderern, den sogenannten Trippern, vollbracht. Sie waren in den kalten Wintermonaten Pelzjäger; aber solange die Flüsse offen b. h. ohne Eis waren, wurden sie zu Hunderten beschäftigt, die Güter landeinwärts oder die Pelze aus dem

Handelsposten der Hudson-Bai-Gesellschaft.

Lande zu befördern. Für alle diese Brigaden gab es nur eine Marschordre: Vorwärts! Man rechnete: Der Sommer ist in diesen Breiten kurz; wir müssen ihn gründlich ausnutzen. Jeder Tag zählt, man darf sich unterwegs nicht aufhalten. So wurden denn alle Bootsleute bis an die äußerste Grenze ihrer Kraft angestrengt. Viele wurden an den Rudern ohnmächtig, viele brachen bei schwierigen Portagen unter ihren schweren Lasten zusammen. Da lautete der Befehl kurz und bündig: Füllt schnell die Lücken aus und vorwärts! Da gab's den ganzen Sommer hindurch keine Ruhe, keine Rast, keinen Sonntag.

So lange hatte die Hudson-Bai-Gesellschaft unumschränkte Herrschaft in ihrem Reiche ausgeübt, — aber nun kam die Mission mit ihrer Bibel und ihrer christlichen Lebensordnung, und diese verlangte, daß jeder siebente Tag ein Ruhetag sein, ein Tag, wo kein Ruder ins Wasser schlagen sollte. Die Handelsgesellschaft war nicht gewillt, sich diesen Eingriff in ihre vermeintlichen Rechte gefallen zu lassen, sie befahl auch den christlichen Indianern, am Sonntag ihre Reise fortzusetzen. Allein als diese Christen erst einmal eingesehen hatten, daß das dritte Gebot wirklich ganz fest und untrüglich in der Bibel stehe, hatte es mit solchem rücksichtslosen Befehlen ein Ende. Die Gesellschaft steckte sich hinter die Missionare; erst versuchte sie dieselben mit Geld und Geschenken zu bestechen; als das nichts half, begann sie einen wahren Verleumdungsfeldzug gegen sie, um sie mit Lug und Trug, mit List und Gewalt aus dem Lande zu vertreiben. Allein die Missionare wußten, daß sie das Recht auf ihrer Seite hatten und boten deshalb dem wider sie heraufbeschworenen Sturme Trotz. Sie forderten die reichen, geizigen Handelsherrn in London heraus: eine sonntagfeiernde Brigade werde auf die Dauer mehr leisten und weiter kommen als die sonntagslosen Heiden! Es kam schließlich auf einen Versuch an.

Es wurde eine sonntagfeiernde Brigade von lauter christlichen Indianern abgesandt; die Handelsherrn thaten es mit vieler Furcht und bösem Argwohn. Aber zu ihrer Überraschung richteten sie ihre Arbeit gut aus und kehrten in kurzer Zeit und in besserem Gesundheitszustande zurück als diejenigen, die keinen Sonntag kannten. Die Logik des Erfolgs triumphierte über alle Vorurteile der Habsucht! Aller Widerstand hörte auf, und bis durch die Einführung der Dampfschiffe das alte System des Bootsverkehrs abgeschafft wurde, hatten die christlichen Brigaden keine Schwierigkeit mehr, ihre Sonntage auch unterwegs in aller Ruhe zu feiern. Am Sonnabend wurde bis zum letzten Strahle der untergehenden Sonne gearbeitet; dann ging die Bootsflotte in einem guten Hafen oder an einer windgeschützten Stelle am Flußufer vor Anker, die geölten Decken wurden über die Güter gezogen und am Ufer ein einfaches Lager zurecht gemacht. Dort weilten sie den ganzen Sonntag über in Ruhe und Frieden und erbauten sich aus Gottes Wort und ihren christlichen Gesängen. Am Montag waren sie beim ersten Grauen des Morgens mit neuen Kräften unterwegs und hatten bald eingeholt, was sie durch die Ruhe des Sonntags versäumt hatten.

Ein merkwürdiges Beispiel von Kirchenzucht.

Es ist vielleicht das Schwerste im Missionsleben, die tief= eingewurzelten heidnischen Sitten mit christlichem Geiste zu durchdringen und nach christlichem Muster umzugestalten. Bei den heidnischen Indianern gilt es für unmännlich, für entwürdigend, rücksichtsvoll gegen seine Frau oder seine Mutter zu sein. Nie wird ein Indianer auf den Rat oder das Zureden eines Weibes hören, und wäre es seine Mutter. Alle körperliche Arbeit außer dem Jagen und Fischen wird auf die schwachen Schultern des weiblichen Geschlechts ge= wälzt. Der Mann hat ein Renntier geschossen; es fällt ihm nicht ein, sein Wild auch nach Hause zu schaffen. Er stolziert mit der Flinte über der Schulter in seinen Wigwam und befiehlt seiner Frau mit barschen Worten, das Tier heranzuschleppen. Mit äußerster Anstrengung, fast unter der schweren Last zusammenbrechend, schwankt sie heran. Aber nun hat sie keine Ruhe. Sie muß das Tier abhäuten, sie muß kochen und zurichten. Der Mann lädt unterdessen seine Freunde zu sich ein. Sie sitzen im Wigwam und essen und essen, — die Frauen und Töchter haben ihnen nur aufzu= warten. Vielleicht ist der Herr und Gebieter einmal so freundlich ihnen einen halbabgegessenen Knochen an den Kopf zu werfen, das ist das Beste, was sie zu erwarten haben, sie mögen ihn mit den immer hungrigen Hunden teilen!

Es verstand sich von selbst, daß die Missionare Wert darauf legten, diese unwürdige Stellung der Frau zu beseitigen und ihr ihren Platz am Tische ihres Mannes zu erobern. Da die meisten Indianer von Natur gutmütig sind, gelang es auch in vielen Fällen ohne Schwierigkeit, die Männer zu bewegen, sich mit ihren Frauen in die Arbeit zu teilen und ihnen einen regelmäßigen und entsprechenden Anteil an den Mahlzeiten zu gewähren. Aber die Missionare konnten und durften sich nicht in diese Privatangelegenheiten der einzelnen Familien mischen; sie mußten es dem langsamen, stetigen Einfluß des Wortes und des Geistes Gottes überlassen, die alte, rücksichtslose, heidnische Lebensordnung umzugestalten. Und doch konnten wir manchmal eingreifen und eine Art der Kirchenzucht üben, die zwar vielleicht kirchlich nicht korrekt, aber um so nachhaltiger wirksam war.

In meiner Gemeinde lebte ein christliches Ehepaar. Der Mann, Robert Atenau, galt als ein fleißiger, strebsamer Christ, der nie in der Kirche fehlte und sogar ein kirchliches Amt verwaltete. Seine Frau Betsy war stets gedrückt und verzagt, und wir konnten lange Zeit nicht dahinter kommen, was wohl der Grund ihrer tiefen und anhaltenden Traurigkeit sei.

Eines Tages kam Betsy in unser Haus, und ehe sie nur den üblichen Morgengruß gesagt hatte, rief sie in erregtem Tone aus: „Robert ist sehr unfreundlich gegen mich; er behandelt mich gar nicht, wie die andern christlichen Männer ihre Frauen behandeln."

Wir waren über diesen plötzlichen Ausbruch überrascht und wußten nicht recht, was wir dazu sagen sollten. Da Betsy sich aber in der Stube hinsetzte und still sitzen blieb, mußte ich ihr schließlich sagen, ich müsse mich sehr über diese Anklage ihres Mannes wundern, denn Robert sei mir immer als ein ernster, frommer Mann und als ein guter Christ erschienen.

„Ja, das ist es eben," fuhr Betsy auf, „wenn er es nicht immer betonte, daß er ein Christ sei, würde ich es ruhig ertragen; wären wir Heiden, so wäre es ja mein

Eine Kri=Indianerin.

Frauenlos. Aber er behauptet ein Christ zu sein und behandelt mich nicht christlich." Und nun war es, wie wenn der lange zurückgehaltene Strom ihrer Empfindungen einen Ausweg gefunden hätte, und die ganze Geschichte ihrer Erniedrigungen und Leiden floß über ihre Lippen. Robert

hatte sie seit Monaten und Jahren mit einer Rücksichts=
losigkeit behandelt, die ganz hart ans Heidnische grenzte.
Wenn er ein Stück Wild geschossen hatte, mußte sie alles
zurichten. Die beiden Keulen trug er nach dem Kaufladen
und tauschte dafür Zucker, Thee und andere Leckerbissen
ein, sie mußte dann alles kochen, und er aß es und trank
es mit seinen Freunden auf, sie bekam nicht einmal die
Knochen, die wurden den Hunden hingeworfen. Sie mußte
dann mit ihren Töchtern an den Fluß gehen und Fische
fangen, um sich davon ein kümmerliches Mahl zu bereiten.
So war es eine lange, traurige Geschichte. Was sollten
meine Frau und ich aber dabei machen? Wir beschlossen, die
Sache einfach der Christengemeinde vorzulegen.

Die christlichen Hausväter waren fast alle daheim; ich
ließ sie in die Kirche zusammenrufen, Betsy setzte sich neben
meine Frau; Robert, der keine Ahnung von dem Unwetter
hatte, das sich über seinem Haupte zusammenzog, wurde
zuletzt gerufen und mußte sich auf einen von mir bestimmten
Platz setzen. Als alle versammelt waren, schloß ich die
Thüren ab und eröffnete die Versammlung mit einem Gebet.
Dann forderte ich Betsy auf, alle ihre Anschuldigungen,
wenn sie auf Wahrheit beruhten, hier vor den Christen zu
wiederholen. Betsy war erst sehr schüchtern, es bedurfte
vielen Zuredens von meiner Frau, bis sie anfing zu erzählen.
Als sie aber einmal in Zug gekommen war, flossen ihr die
Worte nur so wie ein Waldbach von den Lippen.

Robert hatte erst große Augen gemacht, als seine Frau
aufgefordert wurde, das Wort zu nehmen. Als er aus
ihrem Munde Anklage über Anklage hörte, war er zuerst
ganz verwirrt und wußte nicht, ob er zürnen oder zugeben
sollte. Als aber Betsy weiter und weiter erzählte, ließ er
den Kopf tiefer und tiefer hängen und — sagte kein Wort.
Als Betsy ihre Leidensgeschichte beendigt hatte, forderte ich

die anwesenden Christen auf, ihre Meinung über das Gehörte zu sagen. Sie waren alle in heller Entrüstung. Einer nach dem andern machte den Robert gründlich herunter, und immer wieder tönte es: „Und dabei hast du dich immer wunder wie aufgespielt als ein Christ! Wenn du ein Heide wärst, könnte man es dir ja nicht so übel nehmen; aber für einen Christen ist es eine Schande!" Ich ließ sie eine Weile reden, dann beschloß ich die Versammlung und öffnete die Kirchthüren. Robert war der erste, der schweigend hinausging.

Wir behielten Betsy noch eine Weile im Missionshause zurück, stärkten sie mit einer Tasse Thee und redeten freundlich mit ihr. Als sie nach Hause kam, war Robert nicht da. „Er ist vor einer ganzen Weile hereingekommen, hat ein paar freundliche Worte gesprochen, hat seine Flinte genommen und ist in den Wald gegangen," berichteten die Kinder. Es währte bis zum andern Nachmittage, ehe er zurückkehrte. Er schleppte einen schönen Damhirsch auf seinen Schultern. Zu Hause angekommen, häutete er ihn selbst ab. Dann ging er mit den beiden Keulen wie gewöhnlich nach dem Laden und tauschte dafür Zucker und Thee ein. Dann brachte er alles seiner Frau und sagte: „Koche und bereite es, wie gewöhnlich." Betsy kochte und schaffte ohne Murren, nur wußte sie nicht recht, was werden sollte. Als alles Essen fertig war, rief sie ihren Mann, der unterdessen draußen vor dem Wigwam sich ausgeruht hatte. Robert kam herein, setzte den Braten, den Thee, den Kuchen alles vor Betsy und ihren Töchtern auf den Tisch und sagte kurz: „Eßt". Dann nahm er das Fischnetz vom Haken und ging davon. Ein paar Stunden später sah man ihn am Flußufer ein Feuer anmachen und seine mühsam gefangenen Fische braten. So trieb er es wochenlang, ohne sich gegen irgend jemand auszusprechen. Mir ging er aus dem Wege. Zu Hause redete er nur das Allernötigste.

Der Abendmahlstag kam heran. Alle Vierteljahr pflegten wir uns mit unserer kleinen Gemeinde um den Tisch des Herrn zu versammeln. Der heiligen Handlung ging aber eine ernste Besprechung mit den Einzelnen unter vier Augen voraus. Am Sonnabend Abend klopfte es an meiner Thür. Zu meiner Überraschung war es Robert, der hereinkam. „Lehrer", sagte er nach einigen Worten der Begrüßung, „würdest du erlauben, daß ich morgen zum heiligen Abendmahle gehe?"

„Gewiß, warum sollte ich nicht?"

„Du weißt schon, wegen der Betsy."

„Aber ich habe auch gehört, wie ernstlich du dich in diesen letzten Wochen bemüht hast, das begangene Unrecht wieder gut zu machen."

„Hast du es gehört? Das freut mich aufrichtig."

„Aber sag, Robert, warum hast du nur deine Frau früher so schlecht behandelt?"

„Dummheit! Herr — — ich denke, es soll nicht wieder vorkommen."

Der große Tom.

Sein ganzer Name hieß Mamanovatum d. h. „Sei fröhlich." Es war ein großer Mann, fast ein Riese, aber gewöhnlich langsam in seinen Bewegungen. Wenn er in der Kirche oder in der Ratsversammlung aufstand, um eine Ansprache zu halten, kam er zollweise in die Höhe und schien sich immer zwischendurch auszuruhen. Wenn er aber stand und zu reden anfing, dann hatte er auch immer etwas zu sagen, was des Hörens wert war.

Wir lernten ihn schon bei unserer ersten Ausreise im Jahre 1868 kennen. Er war der Führer und Steuermann des Hudson-Bai-Bootes, welches uns von Fort-Gerry am Red-River nach Norway-Haus am Playgreen-See, der nördlichen Ausbuchtung des Winnipeg-Sees, brachte. Schon damals war der „große Tom", wie ihn jedermann nannte, seit Jahren ein ernster Christ. Wir lernten ihn bald näher kennen. Er war von Natur ein Edelmann. Während uns sein freundlich besonnenes Wesen gefiel, bewunderten wir die Kunst und Geschicklichkeit, mit der er unser kleines Boot über einen so stürmischen See führte.

Die gefährliche Reise war ungefähr 400 Meilen lang und nahm vierzehn Tage in Anspruch. Der große Tom steuerte das Boot mit einem langen Ruder, welches er als Steuerruder benutzte. Die treibende Kraft dieser Boote sind die starken, langen Ruder der indianischen Besatzung. Wir hatten in unserm Boote acht gute Ruderer und hörten nicht auf, die Kraft und Ausdauer dieser Leute zu bewun=

bern. Herrschten widrige Winde oder Windstille, so ruderten diese treuen Menschen Stunde für Stunde mit einer Anstrengung wie nur je ein Galeerensklave. Eine günstige Brise, und wenn sie auch zum Sturm anschwoll, wurde stets willkommen geheißen, denn sie gewährte den Leuten Ruhe von ihrer Sklavenarbeit.

Sobald der Wind günstig wurde, ertönte vom Führer der freudige Ruf: „Meyu-nutin" (Guter Wind) — oder wie auf unserer damaligen Reise, Sauway-nas (Südwind), und alle Herzen wurden fröhlich. Sogleich herrschte große Thätigkeit. Die Ruder wurden eingezogen, der Mast, der an der Seite des Bootes niedergelassen war, aufgerichtet, die Taue in Ordnung gebracht und das große, viereckige Segel hochgezogen, und dahin flogen wir mit der günstigen Brise.

Mit dem anschwellenden Winde kamen meist große Wogen, und es bedurfte des sorgsamsten Steuerns von des großen Tom Seite, damit das schwer beladene Boot nicht mit seinem Bug in die schaumgekrönten Wellen untertauchte. Es war ein Vergnügen, die Wachsamkeit des vorsichtigen Steuermanns und die Stärke und Schnelligkeit zu beobachten, mit der er unser kleines Boot regierte, wenn die Wogen über uns hereinzubrechen schienen. Dabei war er als Mensch ebenso höflich, wie er als Steuermann geschickt war. Er that alles, um uns die ungemütliche Reise so angenehm und bequem wie möglich zu machen. Und ungemütlich war es allerdings, einen großen, widerspenstigen Ochsen immer ganz nahe neben unserm Sitzplatz zu haben. Wenn das Boot manchmal auf den Wogen tanzte, ragte bald sein Kopf über die eine Seite des kleinen Bootes, bald sein Schwanz über die andere.

Jede Nacht lagerten wir am Ufer. Der große Tom sammelte Bündel üppig wuchernden Grases; einen Teil warf er dem Ochsen als Futter vor, mit dem Reste versuchte er unser Lager etwas bequemer zu machen. Er bedauerte gerade wie wir, daß wir den großen Ochsen als so nahen Reisegefährten hatten; und doch ging uns noch vor dem Ende unserer Reise die Gewißheit auf, daß dieser unbequeme Ochse unsere Rettung war. In einer Nacht hatten sich die Indianer in ihrem Drange schnell vorwärts zu kommen entschlossen, nicht ans Ufer zu gehen, sondern weil der Wind günstig war, die ganze Nacht hindurch zu segeln. In wenigen Stunden schwoll der Wind aber zum Sturme an, und die finstern Wolken verdeckten die Sterne fast gänzlich. Tom hielt wie gewöhnlich an seinem Posten aus, und da ihn auch seine erfahrenen Indianer unterstützten, flog das Boot mit aufgespannten Segeln wie ein Vogel durch die Finsternis. Meine Frau und ich schliefen auf unserm Feldbett, das zu den Füßen des Steuermanns ausgebreitet war, und neben uns lag auch der große Ochse. Plötzlich wurde das Boot auf die Seite geworfen und stand still. Einen Augenblick herrschte große Erregung, und die Kommandorufe der sonst so ruhigen Indianer übertönten das Brausen des Windes.

Mit großer Geistesgegenwart ließ Tom sogleich das Segel herunter und rettete uns so vom völligen Umsturz des Bootes. Es fand sich, daß das Boot auf dem glatten Abhang eines Felsblockes im Wasser festgefahren war. Es war ein Glück, daß unser Boot schwer belastet, und daß vor allem der Ochse als Hauptlast darin war. Die Indianer waren einstimmig der Ansicht, daß ohne diesen Ochsen das Boot rettungslos gekentert hätte. Durch sorgfältige Behandlung wurde das Boot unverletzt aus seiner gefährlichen Lage befreit und die Reise fortgesetzt.

Nach diesem aufregenden Abenteuer erklärte Tom, er werde in der Nacht nicht wieder reisen. So eilten wir von

Sonnenaufgang bis Sonnenuntergang vorwärts, aber in der Nacht rasteten wir an einem günstigen Flecke am Ufer. Das große Lagerfeuer, dem die nahen Wälder reichliche

Kri-Indianer.

Nahrung boten, beleuchtete die dunklen Züge der wetterharten Männer; einige bereiteten das Abendbrot, während die übrigen in malerischen Gruppen anderweitig beschäftigt waren. Das gute Mehl erfreute aller Herzen. Kurz darauf versammelten wir uns zur Abendandacht. Es wurden einige neue Holzscheite in das Feuer geworfen und fachten es so hell an, daß jeder, der es wünschte, leicht in seinem Neuen Testament nachlesen oder sein Gesangbuch benutzen konnte. Die Erinnerung an einige dieser Abendandachten ist mir besonders lieb. Noch höre ich Toms tiefe Stimme, wie er in der melodischen Kri=Sprache las:

Weya Muneto a ispiche saketapun uske, ke makew u pauko-Kusisana, piko una tapwatowayitsche numaweya u ga nisserounatissety, maka u ga ajaty kakeka pimatisseroin — die indianische Übersetzung des herrlichen Spruches Joh. 3, 16. „Also hat Gott die Welt geliebt" 2c.

Nach der Schriftverlesung wurde ein Lied gesungen. Die Indianer haben wenig eigene Musik und noch weniger Poesie, die im Gottesdienste zu verwenden wären. Die Missionare und Lehrer haben deswegen bereits über 400 unserer besten Lieder in die Indianer=Sprache übersetzt und gebrauchen sie mit unsern Melodien. Nach diesem Liede knieten wir ehrfürchtig auf den Felsen nieder, und Tom oder ein paar andere fromme Indianer sprachen ein Gebet. Dann begaben wir uns zur Ruhe, bis der Morgen dämmerte. Ein lauter Ruf, den alle sogleich beantworteten, weckte uns, Frühstück und Morgenandacht nahmen wenig Zeit in An= spruch, und bald waren wir wieder unterwegs.

Wir brachten auf dieser Reise zwei Sonntage zu. Unsern christlichen Indianern war der Sonntag wirklich ein hochgehaltener Segen. Nach der heiligen Schrift machten sie ihn zu einem Tage der Ruhe und der Anbetung, nicht zu einem Tage der Zerstreuung; sie wurden dadurch an Leib und Seele gestärkt und konnten infolgedessen viel besser arbeiten. Wir hatten an diesen Tagen außer den ge= wöhnlichen Andachten zwei schöne Gottesdienste in Indianisch und Englisch. In der Zwischenzeit lasen sie in der Bibel oder sangen Gesangbuchslieder.

Wie die Jahre mit ihren mancherlei Obliegenheiten verflossen, lernten wir Tom immer mehr als einen höchst zuverlässigen und achtbaren Gehilfen kennen. Sein gleichmäßiges Leben machte ihn für Weiße und Indianer zum Vorbilde. Erhoben sich Streitigkeiten, und bedurfte es eines Schiedsrichters, so dachte man immer zuerst an Tom; und ich wüßte keinen Fall, wo man sich seiner Entscheidung nicht unterworfen hätte.

Er war ein großer Jäger, und es waren viele Geschichten von seiner Geschicklichkeit und Kühnheit im Umlauf. Lange Jahre galt er für den besten Musetier-Jäger seines Dorfes. Obgleich das Musetier die größte Art der Hirsche und von unförmlichem Aussehen ist, kann es sich mit großer Geschwindigkeit durch den Wald bewegen. Es galoppiert nicht wie die andern Hirsche, sondern es schwingt sich im Gehtrott dahin, aber mit einer Geschwindigkeit und Ausdauer, die bald das schnellste Pferd hinter sich läßt. Sein Kopf ist mit mächtigen, breiten Hörnern von riesigem Umfang beschwert, und doch kann es sich, wenn es aufgeschreckt ist, zwischen den dichten Bäumen so schnell bewegen, daß der flinkste Jäger bald nicht mehr nachkommen kann. An Gesicht kann es mit andern Hirschen nicht wetteifern; aber sein Gehör und Geruch sind um so schärfer entwickelt. Tom und andere haben mir erzählt, möchte auch der wildeste Novembersturm in den Wäldern wüten und die Bäume gegeneinander wirbeln, so daß die Zweige krachten und brachen, trotzdem bemerkte das Musetier es sofort, wenn der Jäger mehrere hundert Meter entfernt achtlos auf einen kleinen, trockenen Zweig trat, der unter seinem Fuße brach, und es war wie ein Pfeil verschwunden und stand viele Meilen weit nicht wieder still.

Nicht von Toms Jagdgeschick möchte ich aber jetzt erzählen, sondern von einem schönen Zuge christlicher Selbstverleugnung in seinem Leben, der uns zeigt, was seines Herzens innerstes Verlangen war.

Lange Generationen waren diese amerikanischen Indianer in Stämme geteilt. Ihre Sprachen waren zahllos und verschieden; aber viele ihrer Sitten und Regierungsformen waren gleichartig. Bei allen Stämmen herrschten Häuptlinge mit mehr oder weniger Macht. Bei einigen war diese Würde erblich, bei andern nicht; aber auch bei den letzteren hatte der Häuptlingssohn, wenn er sonst geeignet war, die größte Aussicht, seines Vaters Nachfolger zu werden. Als die kanadische Regierung mit den Indianern des weiten Nordwestens Verträge abschloß, erkannte sie überall die Autorität der Häuptlinge an und verhandelt noch heute durch ihre Vermittlung mit den Stämmen.

Bei den nördlichen Kris war aber einige Jahre vor dem Vertrage die Häuptlingswürde abgeschafft; als nun die Nachricht ankam, die Regierung wolle mit ihnen einen Vertrag schließen und wünsche den Namen des Häuptlings zu wissen, mit dem sie verhandeln solle, geriet man in ziemliche Unruhe und Aufregung. Die kanadische Regierung ist in ihrer Behandlung der Indianer sehr anständig gewesen und hat die Empfindlichkeit dieses von Natur sehr erregbaren Volkes besonders dadurch geschont, daß sie die Häuptlinge freigebig mit Silbermedaillen, schönen Kleidern und Extragaben an Geld und Vorräten beschenkte. Natürlich war nun unter den Kris angesichts der kommenden Neuordnung der Dinge viel Fragens. Zahlreiche Ratsversammlungen wurden abgehalten, und viele Pfeifen deswegen in den Wigwams und an den Lagerfeuern geraucht. Viele Namen wurden diskutiert, Söhne und Enkel kamen in Frage, nur um wieder verworfen zu werden. Tom kümmerte sich wenig um diese Verhandlungen und nahm selten daran teil. Zu seiner Überraschung trat eines Tages eine Deputation in seinen Garten, wo er gerade arbeitete, und teilte ihm mit, seine Anwesenheit im Rathause sei dringend erwünscht. Dort wurde ihm in voller Ratsversammlung mitgeteilt, die Wahl des Volkes sei auf ihn gefallen, er solle ihr Häuptling sein, — er solle die Silbermedaille mit dem Bilde der „großen Mutter" (der Königin) tragen und ihr Mund sein, mit dem „Stellvertreter der Königin" (dem Gouverneur) zu reden, — ihm übertrugen sie alle Angelegenheiten der Wohlfahrt und des Glückes ihres Stammes.

Die Entscheidung des Volkes war mir mitgeteilt, und ich war gebeten gegenwärtig zu sein, wenn Tom zum Häuptling ernannt würde. Ich hatte unter weißen Christen oft genug gesehen, wie begierig kirchliche und weltliche Ehren angenommen werden. Hier sollten wir eine bemerkenswerte Ausnahme erleben, die gewiß des Nachdenkens wert ist.

Als dem großen Manne, der jeden Zoll ein Häuptling zu sein schien, die Häuptlingswürde angeboten wurde, ging es ihm sehr nahe, und er schien zuerst außer stande, eine passende Antwort zu geben. Wir dachten, er suche nach Worten, um seinen Dank für diese große Ehre auszusprechen; aber in Wirklichkeit bat er in gebrochenen Worten, die Ratsversammlung auf den nächsten Tag zu verschieben. Obgleich ich über diese Vertagung enttäuscht war, freute mich's doch, daß Tom in seiner Überraschung sich außer stande gefühlt hatte, die Rede zu halten, die dieser Gelegenheit angemessen war, und ich dachte, er habe sich Zeit ausgebeten, um seine Gedanken zu sammeln und eine Rede vorzubereiten, die des historischen Momentes würdig war; denn Tom war kein gewöhnlicher Redner, wenn er erst einmal warm geworden war.

Als die Versammlung wieder beisammen war, waren wir alle gleich gespannt, eine Indianer=Rede erster Klasse zu hören. Und Tom redete auch ruhig, beredt, anmutig; aber der Inhalt seiner Rede war ganz anders, als wir erwartet hatten. Welche Gelegenheit war da für einen hochfliegenden, ehrgeizigen Mann! Wie konnte er von sich selbst reden, was er gethan habe, und was er noch thun wolle! Aber in Toms Ansprache war nichts berart. Er sprach ruhig und bescheiden und wurde immer wärmer, je weiter er kam. Ich habe mir den folgenden kurzen Auszug aus seiner Rede notiert.

„Vor langen Jahren kamen die Missionare und predigten uns; eine Zeitlang wollten wir nicht hören und Christen werden. Nachher aber fühlten viele unter uns, die wir in Finsternis gewesen waren, daß uns das Wort der Weißen heilsam sei; so nahmen wir diese Botschaft an, und sie hat uns gut gethan. Als ich die Gewißheit in meinem Herzen bekam, daß ich ein Kind Gottes sei, und daß ich eine Seele habe, die zum ewigen Leben bestimmt sei, fand ich, daß ich einen großen Lebenszweck habe, wenn ich meiner Seelen Seligkeit schaffte. Das wurde fortan die große Aufgabe meines Lebens. Ich heiratete und bekam Kinder; wie sie um mich heranwuchsen, merkte ich, daß ich noch einen andern Lebenszweck habe, — für meiner Kinder irdisches Wohlergehen und für ihr himmlisches Erbe zu sorgen.

„Dann beauftragte mich der Missionar mit der geistlichen Beaufsichtigung eines Teiles der Gemeinde. Wir kamen zusammen, sprachen von Gottes Liebe zu uns und über unsere geistlichen Bedürfnisse und suchten uns in unserm innern Leben zu fördern. Da war es mir ein großes Anliegen, meine Pflicht als Leiter zu thun. Darin fand ich einen dritten Lebenszweck. Diese drei Sorgen — um meine eigne Seligkeit, um das Heil meiner Familie und um den Christenwandel der meiner Obhut anvertrauten Gemeindeglieder — sind die wichtigsten in meinem Herzen.

„Ich danke euch für euer Vertrauen, daß ihr mich zu euerm Häuptling machen wolltet. Ich weiß, das ist eine große Ehre. Aber ich sehe die große Verantwortlichkeit, und wer das Amt hat, muß sich um viele andere Dinge kümmern, als ich sie mir vorgesetzt habe. So müßt ihr einen andern erwählen; denn ich kann nichts anderes aufkommen lassen, das mich von meinen drei Hauptsorgen abzieht. Ich danke euch, meine Brüder, und liebe euch alle."

Der edle, uneigennützige Tom! Als ich seinen Worten so zuhörte, wurde ich stolzer auf ihn als je zuvor; und ich dankte Gott für die Bekehrung solcher Leute aus dem Heidentum zum Christentum und für die Entfaltung solcher hohen Tugenden in ihren Herzen und in ihrem Leben.

Einst und jetzt.

In handgreiflicher Weise hat bei den Indianern das weibliche Geschlecht den Segen der christlichen Religion zu spüren bekommen. Während der Zeiten des Heidentums that sich die Verachtung der Frauen oft genug in einer unglaublich rohen, unmenschlichen Behandlung derselben kund. Von so manchem derartigen Vorgange war ich Zeuge. Einst sah ich einen hünenhaften Indianer ins Lager hereinschreiten, die Flinte über der Schulter. Er erblickte sein Weib, sie spaltete gerade Holz. „Steh auf, du Hund von einem Weib," herrschte er sie an, „geh der Spur nach, und du wirst einen Hirsch finden, den ich geschossen habe. Bring ihn heim und bereite mir davon zu essen." Um seinem Befehl desto mehr Nachdruck zu verleihen, warf er mit solcher Wucht eine Keule nach ihr, daß ihr Gehirn zerschmettert wäre, wäre sie nicht ausgewichen. Sie ging fort und wankte nach einiger Zeit mit dem großen Hirsch auf dem Rücken heim. Dann nahm sie ihr Skalpmesser und machte sich daran, den Hirsch abzuhäuten, ein Stück Fleisch abzuschneiden, es zu kochen und ihrem Manne vorzusetzen. Der lud ein halbes Dutzend seiner Freunde ein, sie setzten sich nieder, nahmen die Messer vor und schmausten. Das Weib saß abseits bei ihren Kindern. Nachdem die Männer sich mit Fleisch gesättigt hatten, nahmen sie die Knochenstücke, nagten auch davon das Beste ab und warfen sie dann den Frauen zu; dabei wollten sie sich darüber tot lachen, wie sich die Frauen mit den Hunden um diese Knochen stritten. Das war das Heidentum, welches ich zuerst sah. O wie oft habe ich meine Lippen fest zusammengebissen und meine Zunge in Zaum gehalten und gedacht: „Herr, gieb mir Geduld, jetzt zu schweigen und das rechte Wort zu sprechen, wenn die Zeit dazu da ist."

Wehe der Frau, die es sich erlaubte, alt und gebrechlich zu werden. Das wurde ihr geradezu als ein Verbrechen angerechnet. Einst kam ich in ein Dorf, wo ein großer Häuptling Namens Mukuwusu wohnte. Ich gab ihm eine Rolle Tabak, denn das ist das sicherste Mittel, um einen Indianer gesprächig zu machen. Er liebt den Tabak ebenso sehr wie der Araber das Salz. Mukuwusu ließ sich denn auch gern zu einem Spaziergang bereit finden. Gerade vor dem Dorfe war ein schwarzer Aschenhaufen, ich fragte: „was ist das?" — „Ach", sagte er, „da habe ich meine Mutter zu Asche verbrannt." — „An was für einer Krankheit starb denn deine Mutter?" — „Sie starb am Strick." — „Wie meinst du das?" fragte ich befremdet. Er antwortete: „Sie konnte keine Kaninchen mehr fangen noch fischen, und ich wollte mit dem alten Dinge nicht mehr belästigt werden, so legte ich eines Tages einen Strick um ihren Hals und erdrosselte sie. Damit ihr Geist mich aber hernach nicht heimsuchte, habe ich ihren Leichnam zu Asche verbrannt." Er rühmte sich, daß er seine eigne Mutter ermordet hatte!

Glücklicherweise ist durch die Predigt des Evangeliums vieles anders und besser geworden. Vor einem Jahre, es war im letzten Sommer, machte ich eine Besuchsreise bei allen diesen Stämmen, wir durchreisten mehrere tausend Meilen und hielten in zahlreichen Kirchen Gottesdienste. Die Kirchen sind ziemlich groß und geräumig aus Holz gebaut. — — Ich stehe in einer derselben vor dem Lesepult und lasse meine Augen über die sich versammelnde Gemeinde hinschweifen. Ich kenne die Geschichte fast aller dieser Christen. Es ist kaum einer unter ihnen, der nicht einen Mord auf dem Gewissen hätte. Da kommt ein Mann mit seinen zwei Brüdern; einst schleppten sie ihre Mutter ins Gehölz und ermordeten sie, weil sie alt und schwach war. Da kommt eine alte Frau; sie ermordete die beiden kleinen Kinder des Missionars, unsers Nachfolgers. Da kommt ein anderes Weib. Ein verklärender Schimmer liegt auf ihrem Antlitz; aber wenn man genauer hinblickt, bemerkt man auch die Spuren eines schrecklichen Verbrechens, welche sie nicht mehr auslöschen kann. Als ich zum erstenmal mit meinem Hundeschlitten dort hinaus in die Wälder kam, lebte ihr Mann noch, ein alter Zauberer und ein sehr großer Bösewicht. Er wollte sie nicht am Gottesdienst teilnehmen lassen, doch da sollte sich die kräftige Stimme, die ich, Gott sei Dank, habe, von rechtem Nutzen erweisen. Während ich eine Gesellschaft von einigen hundert Indianern um mich hatte, bemerkte ich, daß sich in jenem Tannendickicht am Ufer des Flusses unter dem Vorwand, Mokassins zu machen oder aus Tierhäuten Kleider zu nähen, die Frauen, Töchter und Schwestern einiger besonders böser Leute verborgen hatten. So erhob ich meine Stimme so laut ich vermochte und predigte auch denen am jenseitigen Ufer. Einst ertappte der alte Bursche seine Frau, wie sie da von fern zuhörte, er schleppte sie fort, schlug sie grausam und band sie dann mit Weidenruten an einen Baum. Der Gottesdienst war zu Ende. Die Jäger waren fortgegangen. Sie pflegten zu meinen Versammlungen zusammen zu kommen, aber wenn ich dann ging, zerstreuten sie sich auch wieder nach ihren Jagdgründen, und nur wenige Familien blieben im Dorfe. Diese fürchteten sich alle so vor dem schrecklichen, alten Zauberer, daß sie nicht wagten sein Weib loszubinden. Drüben im Wigwam lag ihr kleines, wenige Monate altes Mädchen in der Hängematte. Allmählich wachte es auf und begann zu schreien. Es verlangte nach der Wartung und Nahrung von der Mutter. Aber sie war an den Baum gebunden. Das Kind schrie lauter und lauter, bis nach und nach durch sein Schreien die Mutter so in Erregung geriet, daß sie sich schließlich losriß. Sie stürzte auf ihr Kind zu, nicht um es zu nähren, sondern um zum Fluß zu eilen, sie nahm es an den Fersen, zerschmetterte sein Gehirn an einem Felsen und schleuderte den zuckenden Körper in den rauschenden Fluß. Als das Kind hinweggeführt war, hörten sie einige indianische Frauen jammern: „Ach, daß meine Mutter das nicht auch mit mir gethan hat, als ich noch ein armes, kleines Mädchen war wie du, um mich von dem Leben zu erretten, welches ich nun leben muß!" Ihr Mann starb kurz darauf, und so stand ihr kein Hindernis mehr im Wege, sie kam zum Herrn. Aber in ihrem Herzen lebt bis heute das Gedächtnis an jenen Mord.

Doch sieh, die Thür der Kapelle öffnet sich von neuem. Welch ein Anblick! Thränen treten mir in die Augen! Zwei große Indianer, 28—30 Jahre alt, kommen herein, sie haben ihre Hände zu einem Sitz vereinigt, ein Tuch ist darüber gebreitet. Auf diesem Sitz, ihre Arme um den stählernen Nacken der Söhne geschlungen, wird die alte, gebrechliche Mutter ins Gotteshaus getragen. Ein anderer Bruder geht voran, das Schiff der Kirche hinab. Wir haben keine Polster auf unseren schlichten Sitzen; so faltet er ein Tuch zusammen und legt es als ein weiches Kissen auf die harte Bank. Die andern beiden Söhne kommen herbei und setzen die Mutter darauf, und einer der großen Burschen sitzt neben ihr und schlingt seinen starken Arm um sie, und sie legt ihren Kopf gegen seine männliche Brust. Ja, meine Augen wurden verschleiert, es war als steckte mir etwas im Halse, als ich das sah, und ich dankte Gott für diese Umwandlung. Die Mutter, verbrannt und ermordet — im Heidentume; — die Mutter, von den eignen Söhnen ins Gotteshaus getragen — im Christentum.

Verlag von **C. Bertelsmann** in **Gütersloh.**

Unter den Indianern
Britisch-Nordamerikas.
Von
R. Egerton Young.
I. Teil: Im Birkenkahn und Hundeschlitten.
Aus dem Englischen von E. von Engelhardt.
Mit 4 Abbild. 2,40 M., geb. 3 M.

Das kleine, sauber ausgestattete Prachtwerk, welches besonders auch die Missionsfreunde lebhaft interessieren wird, berichtet außerordentlich anschaulich von der schwierigen Missionsarbeit unter den Indianern. Der Preis ist sehr niedrig gestellt. Das ist eine andere Kost als die Schauder-Indianergeschichten, mit der sich unsere Jugend Geschmack und Magen verdirbt. **Reichsbote.**

Ein prächtiges Buch, das uns die Arbeit dieses selbstverleugnenden Methodistenmissionars unter den Rothäuten im Norden von Amerika vor Augen führt. Daß es aus dem Englischen übertragen ist, merkt man der Darstellung in keiner Weise an, dieselbe ist ausgezeichnet gelungen, wie man es selten findet. **Heidenbote.**

Die packend und frisch erzählten Erlebnisse Youngs aus seinem bewegten Missionsleben unter den Rothäuten verdienen mit Recht, daß sie auch in deutschen Missionskreisen bekannt werden. Das ist durch die vorliegende deutsche Bearbeitung geschehen. Diese hat durch ihre sorgfältige Sichtung und präzisere Fassung sogar noch manches voraus vor der englischen Originalausgabe und ist sehr gut verdeutscht. Besonders die reifere Jugend wird bei ihrer Vorliebe für Indianergeschichten, die hier der Wirklichkeit nach erzählt sind und durchweg Interesse erwecken, große Freude an dem prächtigen Buche haben. **Ev. Missions-Magazin.**

Youngs Bücher gehören zu den besten Erscheinungen der engl. Missionslitteratur, sie sind in England und Nordamerika in wenigen Jahren in über 100 000 Ex. verbreitet worden. Da ist es dankenswert, daß sich die Verf., die mit Missionar Young persönlich befreundet ist, der Arbeit unterzogen hat, Youngs Erstlingswerk, welches überall den meisten Anklang gefunden hat, ins Deutsche zu übertragen. Es sind Erzählungen und Schilderungen aus dem Leben und der Missionsarbeit unter den Indianern zwischen dem Winipeg-See und der Hudson-Bai. **Evang. Missionen.**

Verlag von C. Bertelsmann in Gütersloh.

Blomberg, P. D. v., **Allerlei aus Südafrika.** 2 M., geb. 2,80 M.

Buchner, E., Acht Monate in Südafrika. Schilderung der dortigen Mission der Brüdergemeine. Mit einer Kartenskizze. 1,60 M.

Dalton, D. H., **Indische Reisebriefe.** 4,40 M., geb. 5 M.

Fritschel, Prof. G. J., **Die Indianermission** in Michigan und Nebraska. 50 Pf.

Fritschel, Gottfried, **Geschichte der christlichen Missionen unter den Indianern Nordamerikas** im 17. u. 18. Jahrhundert. Nebst einer Beschreibung der Religion der Indianer. Für Freunde der Mission aus den Quellen erzählt. (st. 2,50 M.) 1 M.

Guinneß, Lucy E., **Welches Haus?** Eine Missionsstudie. Aus dem Englischen. 1 M., geb. 1,50 M.

Hansen, P. H., **Beitrag zur Geschichte der Insel Madagaskar** besonders im letzten Jahrzehnt. Auf Grund norwegischer Quellen. Mit einer Karte. 5,50 M., geb. 6,50 M.

Heilmann, Dr. K., **Missionskarte der Erde** nebst Begleitwort. Mit besonderer Berücksichtigung der deutschen Kolonien. 3., neubearb. Aufl. 1,20 M.

Leslie, Mary E., **Die Dämmerung des Lichts.** Eine Geschichte aus der Zenana-Mission. Autorisierte Übersetzung von Eugenia von Mitzlaff. (st. 1,20 M.) 30 Pf.

Onasch, J. H. E., Miss. a. D., **Siegespalmen aus Ostindien.** 1,20 M., geb. 1,80 M.

Reichelt, G. Th., **Die Himalaya-Mission** der Brüdergemeine. Mit 19 Bildern. 1 M., geb. 1,50 M.

Richter, P. J., **Uganda.** Ein Blatt aus der Geschichte der evang. Mission und der Kolonialpolitik in Centralafrika. Mit Titelbild. 3 M., geb. 3,75 M.

Römer, H., **Die Indianer und ihr Freund David Zeisberger.** 1 M., geb. 1,50 M.

Thomas, J. W., Miss., **Von Nias nach Kaiser-Wilhelms-Land** und über Australien zurück nach Deutschland. Ein Reisejahr. Mit 10 Abbildungen. 1,20 M., geb. 1,80 M.

Verlag von **C. Bertelsmann** in Gütersloh.

Süd-Indien.
Land und Volk der Tamulen.
Von Hans Gehring.

258 S. Lex.-Oktav in Ausstattung wie das bekannte illustrierte Familienblatt „Die evang. Missionen" mit 91 Abbildungen meist nach Originalen.
Preis 5 M., eleg. geb. 6 M.

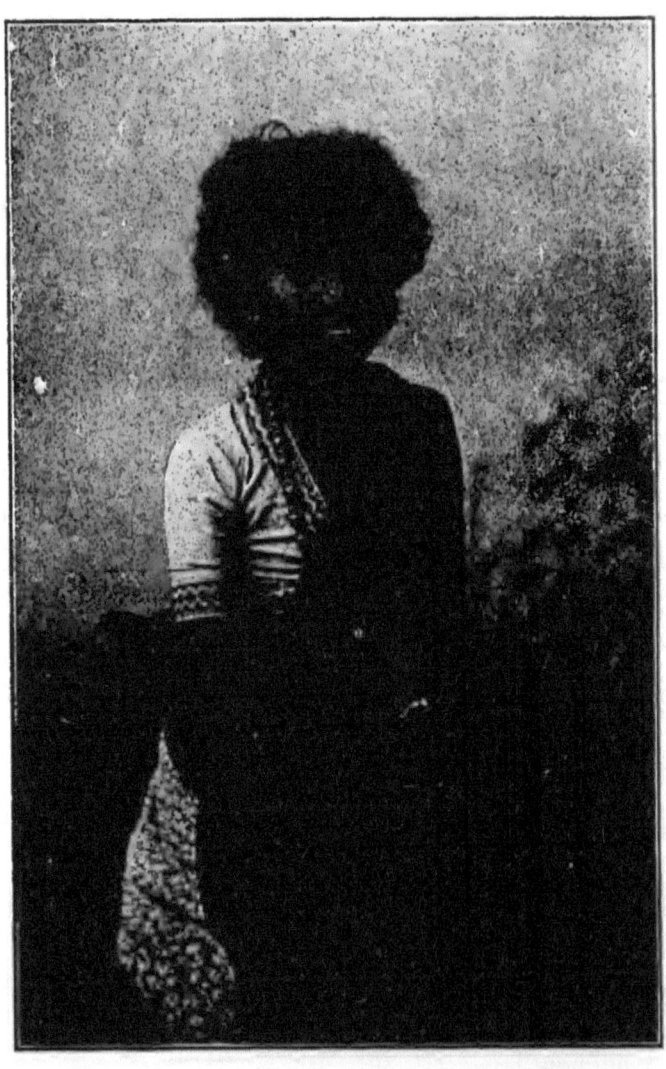

Probebild: Tamulenmädchen.